CÓMO HACER UN
PERFIL PROYECTO DE
INVESTIGACIÓN CIENTÍFICA

CÓMO HACER UN PERFIL PROYECTO DE INVESTIGACIÓN CIENTÍFICA

Lic. Desiderio Javier Solíz Plata

Número de Control de la Biblioteca del Congreso de EE. UU.:   2018912911
ISBN: Tapa Dura   978-1-5065-2718-5
             Tapa Blanda   978-1-5065-2719-2
             Libro Electrónico   978-1-5065-2720-8

Información de la imprenta disponible en la última página.

Fecha de revisión: 16/01/2019

Para realizar pedidos de este libro, contacte con:
Palibrio
1663 Liberty Drive
Suite 200
Bloomington, IN 47403
Gratis desde EE. UU. al 877.407.5847
Gratis desde México al 01.800.288.2243
Gratis desde España al 900.866.949
Desde otro país al +1.812.671.9757
Fax: 01.812.355.1576
ventas@palibrio.com
787037

ÍNDICE

Biografía del autor

LIC.DESIDERIO JAVIER SOLIZ PLATA

- NACIÓ EN SUCRE, CAPITAL DE LA REPUBLICA DE BOLIVIA 19 DE SEPTIEMBRE DE 1948.
- TITULADO EN CIENCIAS ECONÓMICAS Y FINANCIERAS UNIVERSIDAD MAYOR, REAL Y PONTIFICIA DE SAN FRANCISCO XAVIER DE CHUQUISACA. SUCRE – BOLIVIA
- ESPECIALIDAD TITULO DE AUDITOR FINANCIERO O CONTADOR PUBLICO.
- EX-DOCENTE TITULAR EN DERECHO ECONÓMICO
- EX-DOCENTE TITULAR DE ESTADÍSTICA DESCRIPTIVA
- EX-DOCENTE TITULAR EN CONTABILIDAD BÁSICA E INTERMEDIA
- EX-DOCENTE TITULAR EN AUDITORIA FINANCIERA Y GUBERNAMENTAL
- EX-DOCENTE TITULAR ESPECIALISTA EN AUDITORIA FORENSE Y FINANCIERA.
- EX-DOCENTE TITULAR ESPECIALISTA EN LA PREPARACIÓN DE PROYECTOS DE INVESTIGACIÓN CIENTÍFICA Y PRESENTACIÓN DE TESIS DE LICENCIATURA.
- EX-DIRECTOR TITULAR DE TESIS DE LICENCIATURA
- EX-DIRECTOR TITULAR DE LA CARRERA DE TRABAJO SOCIAL.
- MAESTRÍA EN EDUCACIÓN SUPERIOR
- MAESTRÍA EN POLITOLOGÍA "DEMOCRACIA GOBERNABILIDAD"
- EGRESADO EN DERECHO UNIVERSIDAD PRIVADA "NUR" SANTA CRUZ DE LA SIERRA – BOLIVIA

PROLOGO

En pleno siglo XXI es un acto de valentía, desprendimiento y altruismo escribir un libro, más aún por la falta de la "cultura de leer" en nuestro país y el escaso apoyo que se recibe de las autoridades del ramo, al no entender que a través de un nuevo pensamiento escrito se puede mejorar la sociedad en todos sus campos.

De ahí, que sea para mí una honra prorrogar la obra del MAESTRO Desiderio Javier Solíz Plata, colega y mentor de la enseñanza – aprendizaje de una pléyade de generaciones estudiantiles, así como también un entrañable amigo más allá de la existencia terrenal. Como profesor universitario por más de tres décadas en nuestra distinguida Facultad de Ciencias Jurídicas, Políticas, Sociales y de Relaciones Internacionales de la Universidad Autónoma "Gabriel René Moreno", de Santa Cruz de la Sierra- Bolivia, nunca dejó de dedicarle a la preparación de cada clase, tres o cuatro horas para ordenar su discurso académico, internarse en las novedades doctrinales y actualizar datos, así como también en la investigación científica para plasmar una sociedad mejor.

El ser humano se reconoce por sus obras pero, indefectiblemente, se define por su actitud ante la vida. Y la nota que distingue al Licenciado Desiderio Javier Solíz Plata es, precisamente, su condición de Maestro, su ideal de aprender y trasmitir los conocimientos a sus discípulos, enriquecidos con su propio acervo existencial.

Así, ha sido Maestro dentro y fuera de las aulas, generoso en la entrega de su saber, de su experiencia, de los horizontes que ha sabido enseñarles a sus estudiantes.

El extraordinario avance de la ciencia y la tecnología en el mundo moderno y la gravitación cada vez mayor que éstas tienen en todos los aspectos de la vida del ser humano y de las sociedades han provocado, en todas partes, una creciente necesidad, sea de comprender, manipular, redactar lo que se produce en otras regiones y se transfiere, sea de hallar algunas soluciones que permitan enfrentar los problemas propios.

De este modo se incrementan los requerimientos de investigaciones científicas y tecnológicas y de calificación técnica, destreza y conocimientos de los habitantes. Paralelamente, el desarrollo de los principios democráticos, las luchas y aspiraciones sociales y múltiples otros factores, han elevado la demanda por educación cada vez más y más amplia. Casi toda la información superior y la mayor parte de las investigaciones descansan en la Universidad para el mejoramiento del status social. La inadecuada estructura de nuestros sistemas educacionales determina que la educación media de tipo técnico sea proporcionalmente escasa frente a las así llamadas "Humanidades", las cuales casi por definición, llevan a los jóvenes a postular a la Universidad.

*Sin ciencia y tecnología así como investigación no hay independencia ni reales posibilidades de desarrollo. Es evidente que la pura importación de conocimientos tiene muy serias limitaciones, si no se dispone, al menos, de una cierta capacidad científico – tecnológica básica para interpretar estos conocimientos, adaptarlos a las condiciones locales (cuando ello sea propio y posible) y desarrollarlos. Por ello, considero que, el libro que hoy prorrogo es un aporte intelectual formidable a la investigación científica, no solo para el estudiante universitario, sino también para egresados y titulados para que prosigan la gallarda y noble faena cual es la de escribir un texto didáctico y muy ilustrativo sobre como proyectar una Tesis de Grado. El presente libro titulado: **"COMO HACER UN PERFIL PROYECTO DE INVESTIGACIÓN CIENTÍFICA"**, constituye antesala para luego preparar la Tesis de Grado de Licenciatura y Doctorado, tiene una organización estructural compacta y* *es de fácil comprensión porque utiliza un lenguaje sencillo. Constituye una valiosa herramienta de trabajo para el que quiera investigar y viabilizar un proyecto de Tesis de Grado, de una manera clara y sin ambages plantea el problema, la justificación del tema, la formulación de la hipótesis y los objetivos, así como el marco referencial y conceptual como el diseño metodológico, en términos pulcros y concisos para que el investigador se familiarice con el proceso investigativo, sin temores y más bien le nazca la avidez y ansias de proseguir y llegar al fin buscado para beneficio del colectivo.*

Hacer una Tesis sobre un tema determinado significa suponer que antes nadie había dicho cosas tan claras y tan completas sobre ese tema de investigación

Dr. Pablo Gutiérrez Urgel
Profesor Titular U.A.G.R.M.

PROGRAMA - ANALITICO

METODOLOGIA DE LA INVESTIGACION CIENTIFICA

COMO HACER UN PERFIL PROYECTO DE INVESTIGACION CIENTIFICA

UNIDAD No. 1º.
Conceptos Fundamentales de la Metodología de la Investigación Científica.

UNIDAD No. 2º.
Seleccionar y Elegir el tema de Investigación.

Concebir la idea a investigar, se refiere analizar todos los aspectos epistemológicos y prospectivos más relevantes del problema.

UNIDAD No. 3º.
CAPITULO I ANTECEDENTES.

Una investigación es de carácter científico, dinámico y evolutivo que ineludiblemente requiere transitar por un conjunto de etapas, desarrollando la **antítesis, tesis y síntesis**, que garanticen **la validez y confiabilidad de sus resultados**.

     1.1.- Antítesis (Hechos Epistemológicos)
     1.2.- Tesis (Causas) **Variable X**
     1.3.- Síntesis (Efectos) **Variable Y**
     1.4.- Motivación
     1.5.- Cronograma (tiempo de ejecución)

UNIDAD No. 4º.
CAPITULO II PLANTEAMIENTO DEL PROBLEMA

Se obtiene el Planteamiento del Problema, a través de la dosificación de interrogantes en la etapa de Fundamentación del proceso de Situación Problemática del Tema.

Del análisis y comprobación de los hechos acontecidos, ineludiblemente se llegará a determinar la situación problemática del tema en cuestión. **Como consecuencia surgirá la fundamentación de la situación problemática,** formulando interrogantes específicos con relación al tema a investigar.

2.1.- Fundamentación de la Situación Problemática del Tema.
2.2.- Conversión del Tema elegido a Planteamiento del Problema.
2.3.- Formulación y Planteamiento del problema.
2.4.- Modelo general en el tratamiento del problema.
2.5.- Requisitos para el planteamiento del problema.
2.6.- El punto de partida de cualquier investigación Científica.

UNIDAD No. 5.
CAPITULO III JUSTIFICACIÓN DE LA INVESTIGACION CIENTIFICA

La Justificación de la Investigación Científica, es proporcionar la debida importancia al estudio del Perfil de Proyecto de Investigación Científica, bajo criterios de **Relevancia Científica, Criterio de Relevancia Social, Criterio de Relevancia de Significación Práctica y Criterio de Relevancia Contemporánea,** cuya viabilidad y confiabilidad de los resultados previstos en la Situación Problemática del Tema a Investigar, esté relacionado con el principio de Causalidad **Causas y Efectos de impacto,** eminentemente deben ser de actualidad social, jurídica, económica y política.

3.1.- Criterio de Relevancia científica.
3.2.- Criterio de Relevancia social.
3.3.- Criterio de Significación práctica.
3.4.- Criterio de Relevancia Contemporánea

UNIDAD No. 6.
CAPITULO IV FORMULACION DE LA HIPOTESIS

Hipótesis es una idea, a partir del cual nos preguntamos el porqué de una cosa, sea un fenómeno, un hecho, o un proceso.

Hipótesis es una suposición de algo que podría ser cierta o no puede ser posible.

La interpolación de la hipótesis con el método científico, se podrá comprobar a través del experimento.

En consecuencia la hipótesis en el proceso de investigación científica, es un elemento fundamental. Cuando el conocimiento existente permite formular predicciones razonables acerca del perfil de proyecto, ayudando a organizar el pensamiento.

En la Hipótesis se interrelacionan **la variable independiente y la variable dependiente,** para ser sujetas a comprobación, verificación y contrastación con la realidad, a través **del Diseño Metodológico** utilizando **los coeficientes de determinación y de correlación**, herramientas estadísticas, que contribuyen a la aseveración de la hipótesis, para proseguir o no con el Perfil de Proyecto Investigación Científica.

4.1.- Formulación de la Hipótesis
4.2.- Aplicación de los estadígrafos, (Coeficiente de Determinación y Coeficiente de Correlación)

UNIDAD No. 7.
CAPITULO V OBJETIVOS

5.1.- Objetivo General

5.2.- Objetivos Específicos.

El Objetivo general, se establece como fase troncal, en el proceso de investigación científica, con la finalidad de contar con la **consistencia y originalidad, bajo las preguntas ¿Qué? y ¿Cuánto?**

Los objetivos específicos, constituyen los fines y propósitos previamente concebidos a lograr y desempeñan una función rectora dentro del proceso de la investigación científica, indagando, para observar su aplicación y utilidad e impacto social dentro del proceso de investigación científica.

El análisis científico formulado a partir de la **situación problemática, formulación del problema, justificación e hipótesis,** orienta a la búsqueda de respuestas a los objetivos más amplios del estudio, para proponer al final cambios dentro de la investigación científica.

UNIDAD No. 8.
CAPITULO VI REVISION DE LITERATURAS

Consiste en **explorar, detectar, obtener, consultar bibliografías y otras literaturas, referentes al tema en cuestión, de donde se extraerán y recopilarán toda la información válida**, relevante, confiable y necesaria que atañe al proceso de investigación que será de utilidad para los objetivos del Perfil de investigación Científica

6.1.- Marco Teórico - Referencial
6.2.- Marco Conceptual
6.3.- Marco Jurídico, Político y Social
6.4.- Marco Histórico
6.4.- Marco Geográfico.

UNIDAD No. 9.
CAPITULO VII DISEÑO METODOLOGICO

Diseño metodológico en la investigación científica, constituye la descripción y explicación de todos los procedimientos, métodos y tipos de estudios e instrumentos de recolección de datos utilizados, para comprobar la Hipótesis, dando respuestas al Planteamiento del problema y ejecutar de forma secuencial la formulación del Perfil de Proyecto de Investigación Científica.

<u>Tipos de Estudio</u>

7.1.- Básica
7.2.- Aplicada
7.3.- Exploratoria
7.4.- Descriptiva
7.5.- Explicativa
7.6.- Inferencial o Predicción
7.7.- Analítica
7.8.- Acción y participación del diagnóstico

<u>Métodos</u>

a) Método analítico - sintético
b) Método Inductivo – Deductivo
c) Método Histórico y Lógico
d) Método Hipotético deductivo
e) Método de Modelación
f) Método Sistémico
g) Método Dialéctico.

UNIDAD No. 10.
CAPITULO VIII CALCULO Y SELECCION DE LA MUESTRA

8.1.- Colectivo, Universo o Población

* Determinar el universo, colectivo o población.

* Definir y seleccionar las condiciones de la muestra, el tipo de muestra,
* Tamaño de la muestra y,
* Caracterizar las condiciones de la muestra, determinando el Colectivo.

8.2.- Técnicas.

Identificar las técnicas que serán utilizados en el proceso de la investigación científica.

8.3.- Instrumentos.

Determinar los instrumentos que serán utilizados en el proceso de investigación. El análisis estadístico ó modelo. (Utilizar Programa computarizado S. S. P. S. S.)

8.4.- Determinación de paradigmas.

El Investigador debe conocer sobre que tendencia de paradigmas diseñará el Perfil de Investigación Científica.

Sin embargo los paradigmas del **constructivismo, teoría crítica de la realidad, el positivismo,** son los paradigmas que sustentan el proceso

El investigador debe tomar una estrategia clara para conceptualizar la realidad de su fenómeno de estudio, con el fenómeno de interés y la metodología que debe seguir el proceso de investigación científica, hasta llegar a responder a las preguntas de investigación científica propuestas.

El investigador es responsable al tomar en cuenta su aplicación de los diferentes paradigmas, no dejando de pensar que los objetivos dentro del proceso de investigación sean también cuantitativos y cualitativos.

UNIDAD No. 11.
CAPITULO IX RECOLECTAR Y PROCESAR DATOS ESTADISTICOS

9.1.- Recolección de los datos.
9.2.- Elaborar el instrumento de medición y aplicarlo.
9.3.- Determinar la validez y confiabilidad del instrumento de Medición.
9.4.- Análisis de los datos
9.5.- Presentación de los resultados tabulados.

9.6.- **BIBLIOGRAFIA A CONSULTAR**

(Buscar textos y documentos en la Internet y Bibliotecas a partir de 2015 adelante).

Visitar Bibliotecas Privadas y Públicas u otras evidencias confidenciales

9.7.- **ANEXOS** (lo necesario)

UNIDAD No. 12.
CAPITULO X EVALUACION Y APLICACIÓN DE RESULTADOS O CONCLUSIONES Y RECOMENDACIONES

Evaluación y aplicación de los resultados, es producto de la observación y tabulación de datos, tomando en **cuenta su validez y confiabilidad**

Indudablemente constituye de vital importancia llegar a este capítulo de las conclusiones y recomendaciones, dentro del proceso de investigación científica, etapa donde se demostrará los resultados del trabajo de campo, su aplicabilidad y ejecución del proyecto perfil de investigación científica, **poniendo de manifiesto la calidad, veracidad, comprobación, validez y confiabilidad de todos los propósitos planteados.**

Cabe hacer notar que en el proceso de investigación científica, la Investigación Cualitativa, toma un papel por demás de importante intelectual, al poner de relieve la Comparación en el proceso de Conclusiones y Recomendaciones, que permita poner de manifiesto los hallazgos, justificantes y diferencias que coadyuvaron llegar a las conclusiones de forma adecuada.

En consecuencia para el Investigador Cualitativo, obtener conclusiones y recomendaciones, constituye un esfuerzo y experiencia, poner al descubierto sus destrezas y habilidades, además sea capaz de contrastar, y contextualizar con otros estudios los hallazgos obtenidos.

En síntesis las conclusiones en general deben reflejar los resultados más importantes alcanzados dentro del proceso de investigación científica, planteando soluciones, que ofrezcan reconsideraciones o controversias con las teorías que fueron utilizados en el marco referencial del proceso de investigación científica.

En las Recomendaciones se deben proporcionar sugerencias concretas, para mejorar métodos de estudio, acciones especificas, poniendo en ejecución y puesta en marcha del perfil proyecto de investigación científica estudiados. Siendo de carácter científico esta investigación, se han agotado al extremo todos los métodos, tipos de estudio aplicados en función a los objetivos y propósitos planteados, guardando la congruencia con los hallazgos obtenidos dentro del proceso de investigación científica de la **veracidad, originalidad, confiabilidad y comprobación de todos los datos descriptivos.**

UNIDAD No. 1

1.2. CONCEPTOS FUNDAMENTALES DE METODOLOGIA DE LA INVESTIGACION CIENTIFICA.

1.2.1. ¿Qué es la Metodología?

La Metodología es el conjunto de métodos o el estudio de métodos.

Una idea original puede nacer por accidente o por un sueño. Asimismo en el desarrollo de un trabajo científico.

En ciertos casos viene a constituir una **inferencia realizada a partir de una teoría** o surgir en el proceso de discusión de un tema o nace del razonamiento por analogía, hasta por errores de discernimiento.

1.2.2. ¿Qué es la Metodología de la Investigación?

La Metodología de Investigación, es el sistema general de conceptos, principios, métodos, técnicas de estudio, procedimientos para organizar y estructurar la detección, formulación y resolución de problemas científicos.

1.2.3. ¿Qué es la Metodología de la Investigación científica?

La metodología de la investigación científica como las diversas metodologías de investigación específicas, descansan en un algoritmo o modelo general del proceso y tratamiento de los problemas.

1.2.4. ¿Qué es la Ley en la Investigación Científica?

Constituye la evolución del conocimiento humano, solo es posible dominar los fenómenos de la naturaleza y los procesos sociales cuando se conocen las leyes del desarrollo que rigen la realidad natural y social en **el proceso de investigación, verificación y comprobación.**

Fundamentalmente **se entiende por Ley** a la conexión esencial y estable de los fenómenos que determinan su desarrollo necesario. Las leyes están indisolublemente ligadas a la hipótesis y hechos descriptivos que sirven de base,

Todos ellos junto con las teorías, conforman el contenido esencial, estable y sostenido del **conocimiento científico.**

1.2.5. ¿Qué es un Perfil de Investigación Científica?

Un Perfil de Investigación Científica, constituye la antesala para realizar un Diseño de Tesis de Licenciatura. Contiene una extensión entre 100 a 200 páginas por término medio. Debe **guardar Pertinencia, Correspondencia, Unidad,** Demostración, Profundidad, Originalidad y capacidad crítica – reflexiva del Tema.

Expresa la base de un trabajo de campo práctico, donde el Investigador desarrolla proposiciones razonables sobre un tema específico, contrastando la realidad con la teoría, para obtener nuevos conocimientos, que serán puestos de manifiesto en el Perfil Proyecto de Investigación Científica.

1.2.6. ¿Qué es una Investigación?

La investigación, sea ésta científica o no, según **Mario Bunge,** es encontrar hallazgos, formular problemas y luchar con ellos durante el desarrollo del Tema. No se trata simplemente, que la investigación empiece por los problemas, sino consiste en tratar problemas constantemente. **Dejar de tratar problemas, es dejar de investigar.**

La investigación es un proceso crítico-reflexivo, sistemático, bajo control, que permite descubrir nuevos hechos retrospectivos y prospectivos o datos relacionados en el campo del conocimiento científico humano.

Diferencia entre la investigación original y el trabajo rutinario.

L**a investigación original,** trabaja con problemas originales, o estudia problemas viejos con planteamientos originales, mientras que el **trabajo rutinario** se ocupa de problemas rutinarios, por ejemplo problemas de un tipo conocido (hechos epistemológicos) y estudiados por un procedimiento conocido.

El concepto de **"investigación"**, debe entenderse como un proceso de detección, formulación y resolución de problemas, ya sean estos originales o rutinarios.

La **reflexión** según Bunge se trasluce en dos momentos importantes:

a) La investigación es algo mucho más amplio y abarcador que la investigación científica. En otras palabras, **investigar** a secas es el proceso de tratar con problemas cualesquiera sea su tipo.
b) En cambio la **investigación científica**, se refiere a una modalidad específica de investigación que se ocupa de un tipo de problemas científicos. La naturaleza del problema con que se trata, determina el tipo de investigación a realizar.

En consecuencia, por lo expuesto podemos afirmar que la investigación se puede clasificar en **dos corrientes de investigación.**

La investigación **RETROSPECTIVA Y PROSPECTIVA.**

La Investigación Retrospectiva, registra los hechos ocurridos en el pasado, en un determinado tiempo y espacio. Son acontecimientos epistemológicos.

La investigación Prospectiva, constituye una investigación de los hechos que se registran a medida que ocurren en el tiempo y espacio.

La Investigación Retrospectiva y Prospectiva, abarcan todo tipo de investigaciones, científicas, técnicas, profesionales, no profesionales y otras.

La investigación según **el periodo y secuencia del estudio**, puede ser: **TRANSVERSAL Y LONGITUDINAL.**

La Investigación Transversal, es el estudio de una o más variables simultáneamente, se puede hacer un corte en el tiempo y espacio. Indudablemente no es importante la secuencia de los eventos.

La investigación Longitudinal, es el estudio del comportamiento de las variables a lo largo de un periodo y espacio que varía de acuerdo al problema y características de las variables.

1.2.7. ¿Qué es la Investigación Científica?

La Investigación Científica es un proceso de aproximación a la realidad física y emocional a través de la **reflexión o experimentación**, obteniéndose nuevas experiencias y/o conceptos que permiten profundizar el proceso de investigación de manera cíclica. Estos niveles de aproximación pueden ser: descriptivos, comprensivos e inclusive se puede incorporar todos los niveles.

Constituye error lógico al identificar la "investigación", como **"investigación científica". Porque no toda investigación es científica.**

Al proceso de Investigación Científica llevamos nuestras experiencias, propuestas, objetivos a prueba de hipótesis científicas, sean estos en intentos **de confirmación** a través **del método Inductivo** o la de **refutación** a través **del método Deductivo.**

1.2.7.1. OBJETIVOS DE LA INVESTIGACION CIENTIFICA

El objetivo fundamental de la Investigación Científica, es la **exploración, descripción, explicación y predicción** de la conducta de los fenómenos, es decir, la búsqueda de nuevos conocimientos.

Además de tener otros objetivos como ser:

a) Extender y desarrollar los conocimientos de un tema.
b) Profundizar y precisar acerca de una tesis o argumentos científicos
c) Interrelacionar y sintetizar. Encontrar el sentido último de los fenómenos de la naturaleza y la sociedad mediante la integración de teorías ya existentes.
d) Establecer principios generales para ofrecer solución a problemas prácticos.
e) Encontrar los factores centrales con relación a un problema.

1.2.8. ¿Que es Ciencia?

La palabra ciencia deriva del latín SCIRE, que significa **saber conocer.**

Otros autores manifiestan que la investigación es una forma de hacer **ciencia.**

(Para Pazmiño). La ciencia es el conjunto de conocimientos verificables, útiles, comunicables y provisionales obtenidos a través de procedimientos sistemáticos que integran el **método científico o la Teoría de la Investigación.**

(Para Bunge) La ciencia es un sistema de ideas establecidas provisionalmente **(conocimiento científico)**, y como una actividad productora de nuevas ideas **(Investigación Científica).**

(Para Mario Bunge): Ciencia y Método Científico.

La ciencia es un conjunto de conocimientos obtenidos mediante la observación y el razonamiento, y de los que se deducen principios y leyes generales. En su sentido más amplio se emplea para referirse al conocimiento en cualquier campo, pero que suele aplicarse sobre todo a la organización del proceso experimental verificable.

(Para Carlos Marx). La ciencia es un conjunto sistemático de conocimientos con los cuales, al establecer principios y leyes universales, el hombre explica, describe y transforma el mundo que lo rodea.

Si la esencia y el fenómeno coincidieran estaría demás toda ciencia, pues la ciencia esta en estrecha relación con el descubrimiento de la esencia de las cosas o fenómenos así como sus leyes y teorías.

1.2.9. ¿Qué es el Conocimiento?

(Para Pazmiño).- El conocimiento es una captura intelectual de la realidad de objetos, personas o relaciones entre objetos, seres vivos, organizaciones y fenómenos.

Es una imagen subjetiva de la realidad objetiva, un reflejo del mundo externo en las formas de actividad y conciencia humana.

1.2.10. ¿Qué es el Conocimiento común o saber vulgar?

(Para Babini), el conocimiento común o saber vulgar, se adquiere a través del trato directo con los hombres y con las cosas. Ese saber que llena nuestra vida diaria sin haber buscado o estudiado, sin aplicar un método y sin haber reflexionado sobre algo, constituye el conocimiento común o saber vulgar.

El conocimiento empírico, es un conocimiento popular obtenido al azar.

Es ametódico y asistemático, es decir, no se utiliza métodos como tampoco tipos de estudio.

1.2.11. ¿Qué es el Conocimiento común?

(Para Pardinas). El conocimiento común, es una serie de proposiciones informativas que en algunos casos pueden estar acompañadas de algún intento de explicación sin que esta explicación, a su vez **este probada o no probada.**

El conocimiento común es toda información recibida y transmitida sin ninguna crítica expresada de las fuentes de donde es tomada o de las **razones que le dan validez**

(Para Lenin) Las bases del conocimiento:

1.- Las cosas existen fuera e independientemente de nuestras sensaciones y de la conciencia.
2.- Solo existe diferencia **entre lo conocido y lo desconocido.**
3.- En teoría del conocimiento **no hay que suponer jamás que nuestro conocimiento está completo y acabado,** sino más bien hay que buscar la manera y forma como puede llegar a ser **más completo ese conocimiento.**

1.2.12. ¿Qué es el Conocimiento Científico?

En todo proceso del conocimiento científico implica: **Explorar, describir, explicar y predecir,** los problemas de investigación, hasta encontrar un nuevo conocimiento.

1.2.12.1 CARACTERISTICAS DEL CONOCIMIENTO CIENTIFICO

El Investigador debe tomar en cuenta los nuevos paradigmas del comportamiento humano y los cambios sociales de la realidad, debiendo compatibilizar las características con el conocimiento científico.

1) Es cierto, porque saber explicar las razones de su certeza. Lo que no ocurre con el conocimiento empírico.
2) En general, conoce lo real y descriptivo lo que tiene más de universal, válido para todos los casos de la misma especie. La ciencia, partiendo de lo individual, busca en él lo que tiene en común con los demás fenómenos similares.
3) Es metódico y sistemático, cuyo objetivo es encontrar razones explicativas y reproducir este encadenamiento.
4) Por esta razón, **la ciencia constituye un sistema.**

(Para Ander-Egg).- El conocimiento Científico se obtiene mediante procedimientos metódicos con pretensión de **validez**, utilizando **la reflexión**. Los razonamientos lógicos, respondiendo a la búsqueda intencionada por el cual se delimitan los objetos y se previenen los medios de indagación.

El Conocimiento Científico, se obtiene por la aplicación **del método científico,** método, racional, sistemático, exacto, comprobable y por consiguiente es **falible.**

(Para Pardinas).- El conocimiento científico es la obtención y publicación acumulativa de nuevas informaciones con la finalidad de **explicar y predecir** la conducta de los fenómenos en áreas determinadas por cada ciencia, basada en una severa crítica-reflexiva de los procedimientos.

En ciencia pueden ocurrir errores, pero no herejías.

(Para Pazmiño).- El conocimiento científico es aquel sistema de ideas verificables, metódicos, sistemáticos, comunicables y útiles, con carácter provisional a través del cual el hombre modifica los elementos de la naturaleza a **fin de mejorar las condiciones de vida.**

1.2.12.2. LOS ELEMENTOS DEL CONOCIMIENTO CIENTIFICO.

El conocimiento científico está compuesto fundamentalmente por: **hechos epistemológicos, datos, métodos, hipótesis, tipos de estudio, leyes y teorías.**

Problema —>Hipótesis ->Verificación Empírica ->Ley ----> Teoría.

Estos elementos se diferencian entre sí y poseen contenidos y funciones propios en el proceso del conocimiento científico.

Hechos.- El punto central del conocimiento científico, constituye el hecho científico, porque el contenido esencial de esta etapa consiste en la recopilación y acumulación de datos de la realidad y se entiende como tales a los hechos tanto epistemológicos como prospectivos que se producen en la realidad circundante. Los hechos son conocimientos verídicos, descriptivos susceptibles de ser comprobados por la experiencia. Por tanto los fenómenos físicos como los fenómenos sociales constituyen el punto de partida para llegar a resultados científicamente probados.

Datos.- La observación científica de un hecho, supone la determinación de ciertos datos con los cuales se debe estructurar la teoría científica.

Hipótesis.- La hipótesis constituye una formulación científica, fundamentada, dirigida a explicar con anticipación una situación problemática adelantada, y su posible solución. Su importancia radica en que orienta la estrategia de la investigación facilitando ahorro de tiempo y recursos financieros.

1.2.13. ¿Qué es el Conocimiento filosófico?

La filosofía no es un hecho acabado. El filosofar es un interrogar permanente, un continuo cuestionamiento sobre si y sobre la realidad. La filosofía, es la búsqueda constante del sentido de justificación de posibilidades e interpretación de todo aquello que le rodea al hombre en su existencia concreta.

Así se observa como a través de la interrogación, **nace el misterio.**

Son dos, las actitudes que se pueden tomar frente al misterio. **La primera actitud**, es intentar penetrar en el misterio con el esfuerzo personal de la inteligencia, mediante la **reflexión y el auxilio de instrumentos**, en procura de obtener el conocimiento científico - filosófico.

La segunda actitud consiste en aceptar explicaciones de alguien que ya tiene develado el misterio. Se entiende por misterio todo lo que es oculto, y provoca la curiosidad **y lleva a la búsqueda de la verdad.**

1.2.14. ¿Qué es el Conocimiento teológico?

El conocimiento teológico, estudia el conjunto de conocimientos, atributos y sus perfecciones acerca de Dios, proviene del griego (theos) Dios y (logos), estudio, del razonamiento de las cosas o hechos relacionados con Dios

El razonamiento de las cosas parte del concepto de la fe, es creer en algo que no vio y lo toma como si lo hubiese visto por la creencia de la fe.

Es decir, que Jesucristo vive, y el hombre considera que se trata de un ser Supremo, mayor que el ser humano. Esta consideración es el conocimiento de la fe.

Además, el conocimiento teológico es sistemático, debido a que, explica el origen, significado, finalidad y futuro del mundo y los hombres creados.

Es más, el conocimiento teológico puede adquirirse a través de los distintos textos y libros sagrados, como el Corán, La Torá, o La Biblia.

1.2.15. ¿Qué es Método?

El método es el procedimiento empleado para resolver de forma ordenada una tarea práctica.

Deriva de las raíces griegas: META (hacia a lo largo) es **una proposición** que da idea **de movimiento** y ODOS **significa camino.**

Se debe entender por **Método**, el camino largo hacia un **objetivo.**

Cabe señalar que cada ciencia tiene su propio método.

El Investigador debe trazar una serie de acciones para llegar al objetivo propuesto. Estas acciones o formas de obtener conocimientos nuevos y verdaderos **constituyen el método científico.**

1.2.16. ¿Qué es Método Científico?

(Para Mario Bunge), el Método Científico, es un proceso ordenado de acciones, basado en un marco conceptual determinado y de reglas que permitan avanzar en la secuencia del conocimiento científico, **desde lo conocido a lo desconocido.**

El estudio del Método Científico, es la teoría de la investigación. Esta Teoría es descriptiva, porque descubre pautas reales epistemológicas de la Investigación Científica.

1.2.17. ¿Qué es la Realidad?

La realidad es todo lo existente en estado embrionario de desarrollo y decadencia.

La realidad es todo lo **que nos rodea** o simplemente **lo conocido**.

El hombre se relaciona, con la realidad social de su entorno y de la naturaleza.

1.2.18. ¿Qué es la Teoría?

La Teoría es el conjunto de conocimientos lógicamente estructurados que clasifica, y sistematiza los fenómenos. Mediante la teoría se explica los hechos, se amplían los conocimientos y se orientan las investigaciones hacia el desarrollo.

En síntesis podemos afirmar que la teoría, constituye explicaciones sistematizadas de los fenómenos y hechos tanto retrospectivos y prospectivos.

Para Jorge Domínguez Deromedis. La teoría, es un conjunto de enunciados y proposiciones estructurados. con el fin de: **Explorar. Describir, Explicar y Predecir** fenómenos, o aspectos más relevantes de una investigación de campo, propósito de estudio de una ciencia.

1.2.18.1. UNA TEORIA NECESARIAMENTE DEBE REUNIR LOS SIGUIENTES REQUISITOS

Debe referirse a una rama específica de fenómenos que tenga significación real y relevancia para la ciencia.

a) Debe reflejar verdaderamente las propiedades, relaciones y tendencias de desarrollo de los objetivos y fenómenos que abarca.

b) Sus leyes y principios axiomáticos deben guardar una relación de independencia recíproca, es decir, que sus enunciados esenciales no deben deducirse unos a otros.

c) No debe existir contradicción entre sus elementos componentes.

1.2.18.2. LA TEORIA INTERVIENE EN LA INVESTIGACION CIENTIFICA

1) Como elemento orientador, porque reduce el ámbito de los hechos por estudiar e investigar.

2) Coadyuva a conceptualizar y clasificar, porque ofrece una estructura de conceptos que guardan relación con los procesos y objetos principales que se van a investigar.

3) Coadyuva a resumir y sintetizar de forma concisa lo que ya se sabe acerca del objeto de estudio e investigación.

4) Coadyuva a identificar vacíos en nuestros conocimientos, puesto que la teoría resume los hechos conocidos, los explica y predice otros que aún no se han observado dentro del proceso de investigación.

UNIDAD No. 2

SELECCIONAR Y ELEGIR EL
TEMA A INVESTIGAR

Escogidos uno, dos o más temas, se elegirá uno para preparar y elaborar el Perfil Proyecto de Investigación Científica.

No está demás recalcar lo delicado que es dicha elección.

Se debe considerar la fórmula en la que se traducen los distintos factores que concurren para elegir el tema y resolver después de una mesurada meditación. A esta altura debemos hacer hincapié con mayor detenimiento los siguientes factores para su estudio y análisis:

a) Grado de preferencia, e interés espontáneo.
b) Posibilidad de fuentes de conocimiento y acceso a las mismas.
c) Trascendencia y originalidad del tema.
d) Grado de utilidad del tema
e) Experiencia y conocimiento empírico del tema.

Se debe realizar un auto examen, porque esta última decisión constituirá el resultado más que un cálculo ponderativo numérico, un concienzudo análisis y de espontánea decisión. Cualquier imprecisión en el acto de calificar una elección, sino es equívoca, o por lo menos denotará desventajosa.

Por esta razón se debe dejar al libre criterio de elegibilidad.

Es preferible elegir **un tema sustantivo que apasione y no otro que reúna muchas ventajas y nos mantenga**

indiferentes. Claro está solamente el entusiasmo no puede ser la pauta de elección del tema, porque con mucho de él, pero sin acceso a las fuentes del conocimiento, no se puede llegar a ningún resultado.

Será también de utilidad escuchar el consejo de otros Investigadores y Asesores para preparar y elaborar un Perfil Proyecto de Investigación Científica, sopesar con imparcialidad las razones. La decisión debe ser exclusivamente personal.

Es importante el autoestima, el interés por el tema, a tal extremo se interne en el investigador hasta llegar a convertirse en una **obsesión intelectual.**

Inclusive es urgente meditar en el tema en algunas horas de descanso, porque con esa sobreexcitación se promueven procesos inconscientes, se multiplica la imaginación, se agudiza el sentido analítico y surgen ideas, planteamientos y perspectivas insospechadas.

Comenta Best. La elección de un tema adecuado es siempre difícil. Los Investigadores más experimentados se aproximan a esta cuestión con vacilaciones. Constituye pues, una seria responsabilidad el obligarse al estudio de un tema, que inevitablemente requerirá mucho tiempo y energía.

2.1. Análisis y naturaleza del tema.

Por su naturaleza existen dos clases de temas:

a) Temas incompuestos,
b) Temas compuestos.

Un tema no es un compartimiento enclaustrado, cada división no es tajante, al contrario existen relaciones múltiples.

Como podemos observar los **temas incompuestos** tienen una esfera definida, clara, propia. La delimitación de su ámbito no es dificultosa.

Guardan relación con otros temas, que llamamos incompuestos, existen lazos, pero el contenido, guarda cierta independencia. Uno puede profundizar en esta clase de temas, sin tener que estudiar obligadamente y en forma conexa, los temas relacionados.

Los temas compuestos tienen una esfera definida, clara, propia. La delimitación de su ámbito tampoco es dificultosa, tienen una conexión con otros temas fundamentalmente legales y sociales, que guardan relación jurídica – social, con el principio de **Causalidad.**

En las carreras universitarias de ciencias sociales y humanísticas, todo **problema tiene causa y efecto.**

Ejemplo:

Tema: El minifundio.

Este tema es compuesto porque el concepto mismo de minifundio es sustancialmente **económico y demográfico**, aunque se trate de estudiar desde el punto de vista jurídico, las materias y los asuntos enunciados están implícitos en la temática.

Para estudiar este tema comprendido en el área Agrario, habrá que tomar en cuenta el desarrollo de su estudio en todas las formas de propiedad en Derecho Agrario. Sin embargo será indispensable profundizar simultáneamente otros temas, como: Economía Agraria, formas de explotación de la tierra, tipos económicos de cultivo, extensión económica de la tierra, y otros factores.

Representación gráfica de temas Incompuesto y Compuesto

Si el tema fuera **compuesto**, debe definirse con claridad los temas de conexión, cuyo ámbito es común a otros temas. En caso de ser **incompuesto** convendrá enunciar simplemente los temas que se relacionan.

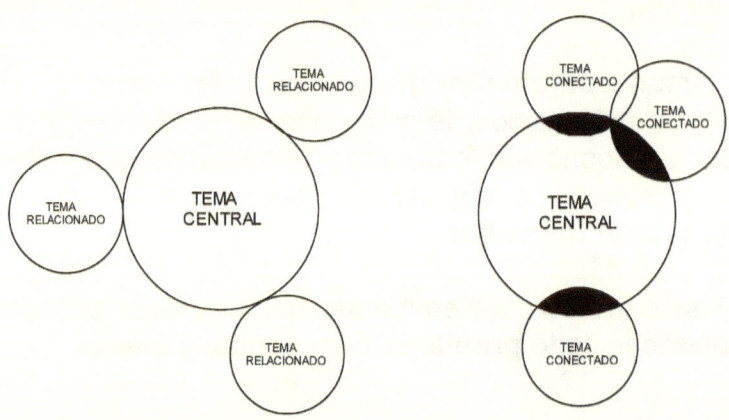

Tema Incompuesto   **Tema compuesto**

2.2. Análisis del Tema en función a factores limitativos.

Se pueden escribir temas amplios, en especial cuando se quieren proponer teorías generales, si esta fuera la intención, es aconsejable que el tema se concentre en un perímetro poco extenso, porque así es más factible profundizar, agotando en el estudio toda la situación problemática del tema.

Claro está que no se debe llegar a extremos perjudiciales.

En consecuencia los factores limitativos sirven para ceñir, sintetizar, dosificar aun más el tema, reducir en extensión para ganar en posibilidades de ahondar.

A veces a tiempo de elegir el tema, éste tiene carácter restringido, por ejemplo:

Tema:

"La estructura de la personalidad de jóvenes entre los 12 y 18 años de edad" (constituye limitación de temporalidad).

Tema:

"El renacimiento en Florencia en el siglo XV"

(constituye limitación temporal y espacial).

2.3. Factores limitativos que se deben tomar en cuenta.

a) **Factor de temporalidad** circunscribe el tema a un espacio de tiempo, siglo, edad, ciclo, periodo, era, época, año, etc.

Ejemplos:

    1.- El derecho de regalías en la época de Alfonso el Sabio (**época**)
    2.- El epigrama en el Siglo de Oro español (**siglo**)

b) **Factor espacial**, restringe el tema a determinado lugar, sitio, ámbito, campo territorio, etc.

Ejemplos

    1.- La Ilustración en Inglaterra (**lugar**)
    2.- El matriarcado en las islas del Pacífico (**ámbito**)

c) **Factor de clasificación**, limita el tema a un género, especie, grupo, tipo, orden, familia, categoría, línea, clase, variedad, etc.

Ejemplos:

    1.- Función algebraica decreciente (**tipo**)
    2.- La planeación prospectiva (**clase**)
    3.- El injerto en la familia de dicotiledóneas **(familia)**

d) Factor de cualidad. Restringe el tema a un aspecto, modo, carácter, propiedad, atributo, índole, particularidad, circunstancia, condición, manifestación, valor, etc.

Ejemplos:

    1.- El mito en el folklore (**modo**)
    2.- Aplicación de los isótopos (**particularidad**)
    3.- El scherzo en la sonata (**aspecto**)

e) Factor de cantidad. Delimita el tema por la cuantía, número, medida, etc.

Ejemplo:

    1.- Problemas ecológicos en ciudades de más de 5 millones de habitantes **(número)**
    2.- La conductibilidad térmica de los metales a temperatura mayores a 300 grados **(medida)**

Como segunda operación, se estudiará las posibilidades de limitar el tema por alguno o algunos de los factores enunciados. A veces pueden aplicarse al mismo tiempo dos o más factores. Ejemplos

1.- La arquitectura   barroca   en México
    Tema   **clase**   **factor espacial**

en las últimas décadas del siglo XVIII
Factor de temporalidad

2.- La ideología política   de las insurrecciones indígenas
   Factor de cualidad   **tema**

      en el Alto Perú   en el siglo XVIII
   Factor espacial   **factor de temporalidad**

2.4. Análisis del tema en función a factores de trascendencia

Existen temas compuestos e incompuestos, ahora observaremos temas de trascendencia.

Si la **primera** clasificación nace de la naturaleza misma de los temas, la **segunda** cuando, un tema se proyecta en función de algún objeto ideal, natural, cultural o metafísico, que no está comprendido en su ámbito propio, se conocerá como **tema trascendental.** Ejemplos:

   1.- La revolución mexicana durante el periodo de Cárdenas
   Tema básico

      y su significado en los 30 años posteriores.
   Objeto de trascendencia

   2.- El arte surrealista   desde el punto de vista psicoanalítico
   Tema básico   **objeto de trascendencia**

Casi todos los temas trascendentes tienen ya como embrión una idea directriz, pues la intención de proyectar el asunto en función de determinado objeto, implica una razón que será un motivo o una causa.

Representación gráfica del tema trascendente.

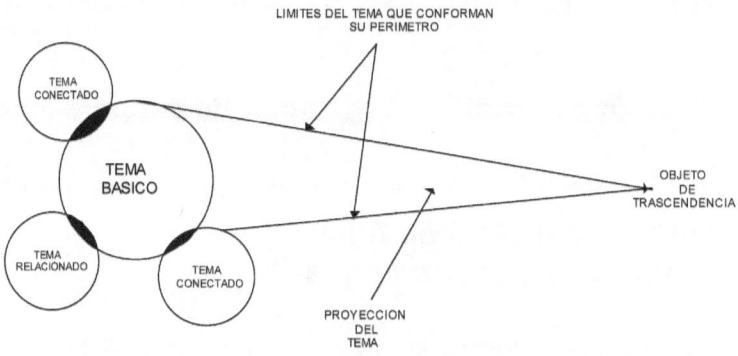

En consecuencia si se quiere dar sentido de trascendencia al tema, habrá que meditar con cuidado en las alternativas, posibilidades y razones que aquello implica.

2.5. UNA VEZ ELEGIDO EL TEMA

Ejemplo:

Identificar causas y efectos de la discriminación de género, en consonancia con el Código Civil.

Uno de los modos más eficaces de poder expresar el propósito de investigación consiste en darle forma interrogativa. La forma interrogativa debe reunir las siguientes cualidades:

a) **Ser lógica**: que todos sus elementos estén ajustados a principios racionales.
b) **Ser vasta**: englobe los aspectos fundamentales que integren el problema.
c) **Ser generadora**: con base en ella puedan plantearse sinnúmero de preguntas particulares.
d) **Ser auténticamente problemática**: sea motivo de verdadera investigación y no de simple conocimiento.
e) **Ser evidente**: que no anticipe juicios a priori.

UNIDAD No. 3

CAPITULO I ANTECEDENTES

Una investigación es de carácter científico metodológico, dinámico y evolutivo, que ineludiblemente requiere transitar por un conjunto de etapas, desarrollando la **antítesis, tesis y síntesis**, que garanticen **la validez y confiabilidad de sus resultados.**

Concebir la idea a investigar, se refiere analizar todos los hechos epistemológicos, tanto retrospectivos como prospectivos más relevantes acerca de la situación problemática, sea ésta económica, social y política.

1.1. Antítesis (hechos epistemológicos)

Consiste en analizar todos los aspectos epistemológicos, retrospectivos y prospectivos más relevantes de la situación problemática a Investigar, es decir, todos los acontecimientos más sobresalientes que hayan sucedido, para lograr **concebir la idea a investigar.**

1.2. Tesis (CAUSAS) variable (X)

En esta parte del capítulo se pone de manifiesto el principio de **Causalidad,** analizando las causas de todos los problemas que está ocasionando el tema elegido en la sociedad. Por ejemplo: una mala toma de decisión en el campo económico en el hogar, origina el Divorcio de los matrimonios, en desmedro de los jóvenes, distorsionando su crecimiento y desarrollo emocionales debidamente equilibrados.

Otro problema de impacto social es la migración que provoca la fragmentación de las familias, separación de padres e hijos.

La salud es otro reto problemático, que provoca el acortamiento de la esperanza de vida en una población. Así sucesivamente podemos enumerar diferentes situaciones problemáticas de relieve e impacto social en la sociedad.

1.3 Síntesis (EFECTOS) variable (Y)

Se ponen de manifiesto los **efectos** que producen las **causas**. Se debe tomar en cuenta y enumerar todas las consecuencias que están ocasionando a la sociedad en el momento de la redacción del Perfil Proyecto de Investigación Científica.

Una consecuencia de impacto social y económico actual, es el hecho de encontrarnos frente a jóvenes irresponsables carentes de valores morales, que .están provocando violencia, inseguridad ciudadana, rebeldes y desobedientes cuyos objetivos son inciertos y no están preparados para asumir responsabilidades en el futuro, fundamentalmente en el matrimonio, para construir generaciones de bien.

1.4. MOTIVACION.

Constituye la razón que motiva al Investigador, al Profesional, al egresado universitario, que vive y lleva dentro de sí el tema y es de relativo dominio fácil, para obtener datos, que contribuirán en el proceso de la investigación del Perfil de Investigación Científica.

No existe duda que estos factores inducirán a llevar adelante el tema en cuestión, cuyos resultados serán de lo más óptimos con especialización y conocimiento de causa,

Es necesario asumir con responsabilidad el tema en cuestión, para ello él Investigador debe soñarse con el tema, debe amanecerse y anochecerse con el mismo, analizando, y tratando la forma de como se puede **verificar y comprobar** el mismo.

1.5. CRONOGRAMA.

Se debe indicar en un cuadro de manera ordenada y secuencial el período y tiempo que corresponde a cada una de las etapas del proceso de investigación desde la elaboración del proyecto de la investigación científica hasta la presentación de resultados y defensa de la investigación científica.(Utilizar el programa Microsoft Proyect - GANTT). Este es el primer paso del Perfil de Proyecto de Investigación Científica.

UNIDAD No. 4

CAPITULO II PLANTEAMIENTO DEL PROBLEMA

El Investigador desentrañará el problema cuando pueda determinar el propósito de la investigación que lo llevó a elegir y a concretar el tema.

El proceso de investigación comienza, mucho antes de formular el problema a investigar con una suerte de incitación o provocación de la realidad ante el sujeto de investigación. Con frecuencia esa provocación se realiza a través de ideas que surgen de variadas fuentes como, por ejemplo, observaciones de hecho, experiencias personales, materiales escritos (libros, revistas, etc.,) teorías, descubrimientos producto de investigaciones, tareas a resolver, necesidades de la práctica, conversaciones, creencias e incluso presentimientos.

En otras palabras, la investigación se inicia con la detección o percepción de una **situación problemática,** es decir, de algo que sucedió o sucede en la realidad que exige una corrección, un cambio o una explicación.

Cuando se detecta un problema y emprende su resolución, despliega una acción o conjunto de acciones, cuyos resultados se debe **contrastar** de alguna forma.

Si la acción resuelve el problema en cuestión entonces la **valida** o estima como posible **algoritmo** a seguir en el tratamiento de futuros problemas similares.

Por el contrario, si la acción no arroja los resultados esperados es muy probable que se desestime, modifique y la sustituya por otra acción.

La situación problemática es percibida por el sujeto como una contradicción entre un **estado real, un estado deseado o entre lo conocido y por conocer.** Tras la detección de la situación problemática se procede a realizar una traducción en nociones o conceptos de la misma, para su análisis e interpretación.

Cuando nos referimos a la investigación científica partimos de un problema en el que **no se conocen los tipos de estudio y los métodos de su solución.** Este es el punto de partida para iniciar un proceso de investigación, donde el Investigador debe:

a) establecer la situación problemática
b) estudiar las condiciones en que ésta aparezca
c) determinar su posible solución.

El Problema de la Investigación Científica, es una pregunta, acerca de un hecho o fenómeno de la realidad, cuya respuesta o solución no está contenido en el caudal de conocimientos existentes hasta ese momento.

Al tomar la formulación de la situación problemática inicial, el Investigador se priva de elegir con plena conciencia la más adecuada entre las múltiples alternativas posibles para enfrentar el reto de modificar la situación problemática y seleccionar con ello el problema a investigar como más pueda armonizar a sus posibilidades y recursos.

A continuación vamos a tomar un ejemplo, para la preparación y elaboración de un Perfil de Investigación científica, debiendo observarse el grado de correspondencia que deben guardar los diferentes capítulos entre sí.

2.1 FUNDAMENTACION DE LA SITUACION PROBLEMÁTICA DEL TEMA

Implica plantear interrogantes de la situación problemática, que incluyen propiedades, relaciones y conexiones internas específicas de investigación científica.

¿Por qué dentro de un proceso de Divorcio, la mujer es la que sufre discriminación de género?

¿Será que dejando al sano criterio de los Operadores de Justicia en materia familiar está provocando discriminación social e inseguridad jurídica?

¿Será qué, por lo obsoleto del Código Civil, nuestra Sociedad no se adecua a los nuevos paradigmas de comportamiento de vivencia sociales?

¿Será que un juicio de Divorcio ocasiona una pérdida de tiempo y es bastante oneroso, que inevitablemente provoca una excesiva carga procesal y retardación de justicia?

¿Será que la decisión final del señor Juez de Familia, al fijar la asignación familiar, custodia y tenencia de los hijos, ocasiona desigualdad de género?

2.2. CONVERSION DEL TEMA ELEGIDO, EN PLANTEAMIENTO DEL PROBLEMA

Realizado los análisis de investigación, el tema tiene ya ámbito definido, pero aún debe considerarse como materia amorfa, es decir, constituye como un bloque de mármol cuyas dimensiones y cualidades conoce el escultor, pero no sabe aún que habrá de esculpir. Entonces, mientras el tema no se transforme de fundamentación de situación problemática a planteamiento del problema, no tendrá significado alguno.

Se obtendrá el **Planteamiento del Problema**, a través de la dosificación de las interrogantes de la Fundamentación de la Situación Problemática del Tema. De acuerdo al ejemplo de las interrogantes de la situación problemática, tenemos.

2.3. FORMULACION Y PLANTEAMIENTO DEL PROBLEMA

Identificar causas y efectos de discriminación de género e inseguridad jurídica en el Debido Proceso de un Divorcio, que por la decisión final del señor Juez, en la asignación familiar, custodia y tenencia de los hijos, está ocasionando un alto costo económico, pérdida de tiempo y una excesiva carga procesal, desigualdad jurídica y retardación de justicia, en el Estado de California de Estados Unidos de Norteamerica, durante los últimos 5 años de 2015 – 2020.

2.4. Modelo general en el tratamiento de problemas.

Problema----$\rightarrow$ acción------àcontrastación -----$\rightarrow$ estimación de la acción

Este modelo general de operar con los problemas para su resolución se manifiesta en los múltiples campos de la actividad humana y adopta formas muy específicas en cada uno de ellos. Esas formas de adaptación del modelo general a las características concretas de los problemas en cada campo de la actividad, han originado con el tiempo las diversas metodologías de investigación particulares conocidas.

La percepción de una situación problemática presupone ya una carga subjetiva de la que difícilmente podrá liberarse el Investigador por más que quiera.

Si algo enseñan los resultados alcanzados por la ciencia contemporánea **entre lo subjetivo y lo objetivo** en la percepción del mundo, no existen barreras absolutas, sino más bien, una unidad dialéctica indisoluble.

Cuando el Investigador confunde el problema con la formulación de la situación problemática, la falta de método puede ocasionar una mala pasada.

Tener que enfrentarse no con un problema sino con un conjunto de problemas imprecisos y muy poco definidos hasta que después de muchas circunstancias, pueda dirigir sus esfuerzos hacia una alternativa adecuada del problema.

En otros términos el problema de investigación es una traducción lógica de la situación problemática acompañada de la alternativa a seguir para su modificación total o parcial.

Existen entendidos en metodología que se empeñan en presentar la situación problemática y el problema de investigación como entes objetivos absolutos, es decir, libres de agregado de la subjetividad humana.

En nuestra modesta opinión eso es una utopía sin fundamento alguno en la historia de la cultura.

2.5. Requisitos para que el planteamiento de un problema, se convierta en una investigación científica.

a) Debe basarse en un conjunto de conocimientos existentes con anterioridad a su formulación.
b) Expresar con claridad lo que se ignora.
c) Cumplir el propósito de ampliar y perfeccionar los conocimientos existentes.
d) Tener un carácter general cuya respuesta posibilite modificar la situación problemática del Tema, aportando nuevos conocimientos.

e) Utilizar el lenguaje de la ciencia, es decir, los conceptos y categorías que describen y explican la rama de fenómenos sociales estudiados.

2.6. En Síntesis podemos decir:

a) Las investigaciones se originan en preguntas o en ideas, las cuales pueden crearse de distintas fuentes y la calidad de dichas preguntas no están necesariamente relacionadas con la fuente de donde provengan.

b) Frecuentemente las ideas o preguntas son vagas y deben ser traducidas en problemas más concretos de investigación, para lo cual se requiere una revisión bibliográfica de la idea.

c) Las buenas ideas deben alentar al Investigador, ser novedosa y servir para la preparación de teorías y resolución de problemas.

2.7. El punto de partida de cualquier investigación científica está en identificar un problema.

El punto de partida de la investigación es la existencia de un problema.

Se tendrá que **definir, examinar, valorar y analizar,** para luego intentar buscar la solución.

El Problema de un Proyecto Perfil de investigación Científica, surge cuando se reúnen tres elementos:

a) Una **discrepancia** entre lo que es y lo que debe ser
b) **Preguntas** sobre **las causas** de esta discrepancia
c) Por lo menos dos o más **respuestas posibles** a las preguntas

Ejemplo 1):

Un problema susceptible a ser investigado

2.8. Descripción del problema:

Los responsables del programa nacional de planificación familiar establecieron un sistema logístico de suministro de anticonceptivos para el Distrito "A".

Al inicio de las lluvias a cada usuario del Distrito A se le asignó una dotación de anticonceptivos de forma anticipada para cuatro meses.

Durante esta temporada, se encuentran disponibles lanchas para transportar nuevos suministros a los trabajadores de planificación familiar en los centros de distribución de fácil acceso.

A pesar de estas nuevas medidas, las estadísticas de este año demuestran que se agotaron las reservas de anticonceptivos en el Distrito "A".

2.8.1.- Discrepancia

Si bien, el nuevo sistema logístico **debiera asegurar** la continuidad en el suministro de anticonceptivos, este año **no sucedió así.**

2.8.2.- Cuales fueron las causas de esta discrepancia

¿Cuáles son las causas por las que no funcionó adecuadamente el nuevo sistema?

2.8.3.- Respuestas posibles

- No se pidió la nueva dotación de pastillas antes de las lluvias.

- Las lanchas de las que se dependería para estas entregas estaban averiadas.
- No se les informó a los trabajadores de campo sobre el nuevo sistema, por lo que no se entregaron a los usuarios la dotación de pastillas convenida para cuatro meses, antes del inicio de las lluvias.

En este ejemplo se presentan varias respuestas posibles que pueden ser correctas y válidas. **Por lo tanto, este problema puede ser sujeto a una investigación.**

En algunos casos, resulta relativamente fácil identificar y definir un problema, elaborar una hipótesis sobre las causas posibles y seleccionar aquellas que se apegan a la realidad.

En el ejemplo anterior las causas que originaron las fallas del sistema logístico de suministros pueden detectarse fácilmente sin necesidad de llevar a cabo una investigación costosa.

2.9. Problema susceptible de ser investigado operativamente

Ejemplo 2):

2.9.1.- Descripción del problema

Una encuesta de planificación familiar realizada en varios distritos reveló enormes diferencias en sus tasas de uso de anticonceptivos. Aun cuando todas las provincias tienen el mismo nivel de servicios de salud y planificación familiar, algunas de ellas tienen un índice de prevalencia hasta el 80%, mientras que otras alcanzan apenas el 60%

2.9.2.- Cuales fueron las causas de esta discrepancia

Todos los Distritos deberían tener aproximadamente la misma tasa de prevalencia en el uso de anticonceptivos, pero de hecho sufrió una variación considerable.

¿Cuáles son los factores determinantes de diferencias regionales en la tasa de prevalencia de uso de anticonceptivos?

2.9.3.- Respuestas posibles:

a) Los distritos difieren en sus características socioeconómicas: algunas son netamente agrícolas, otras viven de la pesca. Algunas gozan de fácil acceso a la ciudad, mientras que en otras el acceso a la ciudad es sumamente difícil, prácticamente imposible. Algunas cuentan con escuelas, dispensarios, electricidad y servicio de agua; otras no tienen esas facilidades.
b) Estas diferencias socioeconómicas influyen en la práctica anticonceptiva.
c) El apoyo institucional de planificación familiar a las Comunidades, difieren una a otra. En algunas provincias, los políticos locales brindan más apoyo al programa nacional de planificación familiar, en otras no. Estas diferencias también influyen en la tasa de prevalencia.
d) La eficiencia del personal de salud de planificación familiar varía según la Comunidad. Algunos trabajadores están muy motivados y trabajan activamente en las áreas que tienen asignadas, con otros no sucede lo mismo. Estas diferencias en el rendimiento del personal también afectan el nivel de la práctica anticonceptiva.

En el presente ejemplo se presentan varias respuestas posibles que pueden ser correctas y válidas. En consecuencia, **este problema puede ser sujeto a una investigación.**

2.10. Problema susceptible de ser investigado

Ejemplo 3):

2.10.1.- Descripción del problema:

Durante sus visitas periódicas a los clientes, los supervisores de un programa comunitario de planificación familiar, observan que muchas usuarias de anticonceptivos orales no estaban bien informadas sobre el uso correcto de la píldora.

El 58% de las mujeres consultadas, habían tomado la píldora de manera incorrecta en el mes anterior. Algunas habían esperado demasiado y otras no lo suficiente después de su ciclo menstrual; otras no sabían qué hacer en caso de haber olvidado tomar su píldora.

2.10.2.- Cuales fueron las causas de esta discrepancia

El programa se precia de dar servicios de alta calidad. Casi todas las promotoras de salud que dan información y suministros a las usuarias, reciben tres días de capacitación cuando entran al programa.

También son supervisadas, cuando se les revisa los métodos. Todas las usuarias **deberían saber** usar correctamente el método que escogieron, pero está claro que **no lo saben.**

En este caso el problema es claro. Los supervisores han observado que muchas usuarias de anticonceptivos orales han recibido poca información sobre el uso de la píldora. Las usuarias de la píldora deberían saber tomar correctamente la píldora, pero la mayoría no conoce.

La discrepancia entre lo que debería ser y lo que no es, indica que existe un problema y se establecen cinco respuestas posibles. No se sabe cuál de estas cinco posibles respuestas son correctas.

2.10.3.- Respuestas posibles:

¿Cómo la gerencia del programa puede garantizar un nivel adecuado de calidad en el uso de un programa comunitario rural en los Distritos?

1. El programa no tiene procedimientos adecuados de selección de candidatas para los puestos de promotoras rurales voluntarias. Estos procedimientos deben ser revisados y quizá modificados

2. El programa tradicional de capacitación es inadecuado por lo que se refiere a su contenido y a la forma de comunicarlo a los clientes. El programa de capacitación debe ser revisado.

3. El sistema de supervisión le dedica a todas las promotoras el mismo tiempo, sin tomar en cuenta las necesidades de la comunidad o las habilidades de las promotoras. El sistema de supervisión debe ser revisado.

4. La gerencia del programa no está muy interesada respecto a la calidad del servicio de la comunidad, puesto que se acepta cualquier nivel de grados en competencia en las promotoras. Los elementos de calidad de atención deberían ser incorporados al programa.

5. La cantidad de servicios que se pide que haga la promotora son muchos y complejos para la mayoría del personal voluntario. Debe cambiarse la cantidad de servicios por promotora.

Una adecuada manera importante en la investigación científica, es invitar a participar en el proceso a: Investigadores, Administradores y otras personas, como los líderes de los pueblos, los maestros en educación y otros personajes similares, para cumplir con el paso de la identificación certera del problema.

Cuando todas estas personas intervienen, se combina la experiencia y puntos de vista de los Administradores y líderes locales, con los conocimientos técnicos y metodológicos de los Investigadores.

El punto de vista que antecede, es considerado particularmente muy importante. De no existir más de una respuesta posible a la pregunta, **la investigación no procede.**

2.11. Problema no susceptible de ser investigado

Ejemplo 4):

2.11.1.- Descripción del problema:

Los resultados derivados de una encuesta en el Distrito "A" demostraron que mil mujeres estaban tomando regularmente píldoras anticonceptivas. Sin embargo, el informe estadístico de servicios del mes anterior revelaba que ninguna de estas mujeres estaba empleando anticonceptivos.

2.11.2.- Cuales fueron las causas de esta discrepancia

Según la encuesta, estas mil mujeres debían estar tomando anticonceptivos, sin embargo las estadísticas demostraron que no era así.

¿Qué factor o factores originaron la discontinuidad en el uso de la píldora entre las mil mujeres?

2.11.3.- Respuestas posibles

Una inundación ocasionó que la dotación de anticonceptivos no llegara al Distrito "A", habiéndose terminado la dotación anterior.

Con el ejemplo anterior se demuestra que, no es necesario llevar a cabo una **investigación para conocer las causas de la discontinuidad en el uso de la píldora**, debido a, si los datos son correctos, ya se conoce la respuesta a la pregunta.

Sin embargo, sería útil realizar un estudio sobre las fallas logísticas y de suministros, así como la incapacidad de distribuir anticonceptivos al Distrito "A", durante la época de lluvias.

UNIDAD No. 5

CAPITULO III JUSTIFICACION DEL TEMA DE INVESTIGACION CIENTIFICA

Una vez seleccionado el tema de investigación científica, la formulación de la situación problemática y definido el planteamiento del problema, se tomará en cuenta los límites: espacial, temporal y sustantivo del tema. Ineludiblemente se debe establecer la Justificación de la Investigación Científica del Tema en función a razones que inducirán al Investigador a desarrollar el Perfil de Investigación Científica.

Identificado y definido el planteamiento del problema, es necesario justificar del por qué es importante resolver el mismo.

La Investigación Científica requiere de recursos económicos y humanos suficientes, por esta razón se hace de imperativa necesidad replantearse preguntas sobre la importancia del estudio y la necesidad de llevarlo a cabo.

La justificación de la investigación científica, se fundamentará en una pregunta ¿Por qué es necesario hacer la Investigación Científica?

Habrá necesariamente que presentar criterios sólidos o una argumentación lógica y fundamental de razones valederas que justifiquen el propósito de la Investigación Científica.

La Justificación de la Investigación Científica se preparará en función a los siguientes criterios:

1) Criterio de Relevancia científica.
2) Criterio de Relevancia social.
3) Criterio de Relevancia y de significación práctica.
4) Criterio de Relevancia Contemporánea

3.1. PARA JUSTIFICAR LOS CRITERIOS ENUNCIADOS SE DEBE TOMAR EN CUENTA LAS SIGUIENTES PREGUNTAS:

a) ¿Es de actualidad el problema? ¿Se agravará conforme pase el tiempo?
b) ¿Es muy extendido? ¿Afectará a muchas regiones y personas?
c) ¿Ocasionará daño social, más específicamente a ciertos grupos de la población como: a madres e hijos?
d) ¿Se relacionará la situación problemática con las actividades del programa actual de salud pública?
e) ¿Estará vinculado el planteamiento del problema con factores económicos, sociales y de salud como, el desempleo, desigualdad de ingresos, falta de oportunidades, *status* de la mujer, educación y salud materno-infantil?
f) ¿A quienes interesará más la situación problemática: a dirigentes de la Comunidad, políticos, médicos, economistas, profesionales en Trabajo Social y a otros sectores con grado académico del país?

3.1.1. Criterio de Relevancia Científica

Se refiere fundamentalmente al aporte científico de nuevos conocimientos, que hace el Investigador, en un campo específico.

Tomando en cuenta este criterio, un proceso de Investigación Científica, sigue el método científico, que aportará significativamente a la ciencia en la transformación de la realidad, utilizando teorías y métodos adecuados.

La novedad científica es directamente proporcional al modelo, teoría o tendencia teórico – conceptual, y se aplicará a la formulación de la situación problemática, teniendo en cuenta la **originalidad** del tema investigado.

Este criterio de Relevancia Científica, cubrirá todos los aspectos relacionados con todos los problemas de actualidad, tomando en consideración, el mismo se agravará con el pasar del tiempo, sino se toman las medidas adecuadas y oportunas de solución sobre el problema en cuestión.

El Investigador no dudará en tomar una inmediata solución al problema planteado, porque **afectará a la mayoría de las regiones y por ende a toda una población**.

3.2.1. Criterio de Relevancia Social

Este Criterio de Relevancia Social, debe estar relacionado con las razones lógicas científicas y tecnológicas a la situación problemática, así como por la dimensión ética de la Investigación Científica.

Este criterio de relevancia social, implica dar solución a problemas que atañen a la sociedad y su entorno, porque la situación problemática del Tema, está afectando más específicamente a ciertos grupos de la población, como ser: a **madres, padres e hijos o ancianos de la tercera edad, desde el punto de vista, jurídico, político, social y económico**.

Finalmente el criterio de relevancia social, está determinado por la naturaleza y pertinencia del problema que le permite: **explorar analizar, explicar y transformar** los resultados obtenidos en la Investigación Científica.

3.3.1. Criterio de Relevancia y de significación práctica

Criterio de Relevancia y de Significación Práctica, se refiere fundamentalmente a **explicar, la factibilidad, viabilidad y**

utilidad de los nuevos conocimientos obtenidos: así como la pertinencia social, tecnológica, económica, científica y política.

Además estará vinculada a la Situación Problemática del Tema, con factores económicos, sociales y de salud, como: el desempleo, desigualdad de ingresos, falta de oportunidades, *status* de la mujer, educación y salud materno-infantil.

3.4.1. Criterio de Relevancia Contemporánea

Criterio de Relevancia Contemporánea, presupone la probabilidad de ofrecer una solución de la situación problemática actual, dentro del proceso de Investigación Científica de una sociedad o de la Comunidad, que vaya inevitablemente a mejorar la condición de vida de todos sus componentes, tomando en cuenta los actuales paradigmas **de conducta y comportamiento** de la sociedad.

Por otro lado el Investigador debe enfatizar, la solución de la Situación Problemática del Tema.

Interesa más este Criterio de Relevancia Contemporánea a las autoridades pertinentes, médicos, economistas y a otros profesionales.

A dirigentes de organizaciones sociales del país.

UNIDAD No. 6

CAPITULO IV. FORMULACION DE LA HIPOTESIS Y APLICACIÓN DE LA PRUEBA

4.1. Planteamiento

El Investigador afirmará que la Hipótesis es el eslabón necesario **entre la Teoría y el Método Científico,** que nos conduce al descubrimiento de nuevos hechos retrospectivos y prospectivos, dentro del proceso de Investigación Científica.

La Hipótesis es una **respuesta tentativa y no definitiva** a la solución de un problema propuesto.

La Hipótesis es una **suposición de la verdad** que aún no se ha establecido, es decir, es una conjetura sobre la realidad no conocida y se ha formulado precisamente con el objeto de llegar a conocer.

En la Hipótesis se interrelacionan **las variables independiente y la variable dependiente,** para ser sujetas a comprobación, verificación y contrastación con la realidad, a través **del Diseño Metodológico,** utilizando **los coeficientes de determinación y de correlación**, herramientas estadísticas, que contribuyen a la comprobación de la hipótesis, para proseguir con un Proyecto de Investigación Científica, o se desechará el mismo.

Ejemplo de: Causa y Efecto entre la Variable Independiente y la variable Dependiente.

VARIABLE INDEPENDIENTE (X) CAUSA	VARIABLE DEPENDIENTE (Y) EFECTO
a) Calidad de materiales de construcción	Tiempo de vida útil de edificios
b) Cantidad de protozoarios en el agua	índices de mortalidad infantil
c) Falta de identidad nacional	Nivel de apreciación de las culturas autóctonas
d) Piratería de Software	utilidades de las casas comerciales
e) Uso de la red informática INTERNET	Mejoramiento del nivel académico
f) Informatización del área administrativa	Mejorar en calidad el servicio al cliente.
g) Flujo turístico	Deterioro del ecosistema
h) Método de enseñanza	Rendimiento Escolar

4.2. La formulación de una hipótesis científica supone 3 requisitos:

1) Debe ser lógicamente consistente y correcta, es decir, debe contener una, dos o más variables: **la variable independiente y la variable dependiente,** debiendo aplicarse inevitablemente **el Coeficiente de Determinación y el Coeficiente de Correlación** que son herramientas estadísticas que coadyuvarán a determinar en qué grado de correlación se asocian ambas variables para proseguir con el proyecto hasta el final.

2) Los enunciados propuestos que la conforman, deben estar científicamente fundamentados, basados en el desarrollo actual de la ciencia.

3) Las **variables independiente y dependiente** dentro del proceso de Investigación Científica, deben ser científicamente contrastables.

Los resultados necesariamente deben ser igual ó mayor a 1 positivo y de ninguna manera puede ser menor a 1, negativo.

A través de los **Coeficientes de Correlación y de Determinación. El Investigador realizará esta Prueba, para proseguir o no con el Proyecto.**

De existir una correlación de 1 a 1 positivos en **ambas variables**, se trata de una **correlación y determinación excelentes y se debe proseguir con el proyecto hasta su conclusión, porque matemáticamente estará comprobada.**

4.3. VARIABLE

Variable es una característica o combinación de varias características de una población, Universo o Colectivo, susceptible de tomar datos numéricos, es decir, está sujeto a variaciones.

Una variable aún siendo la misma para toda la población, no tiene por qué presentarse con la misma intensidad en cada elemento. Las diversas intensidades son números que corresponden a los diferentes valores de la variable.

Las variables se clasifican en Variables Cuantitativas – Cardinales o Discretas, Variables Cuantitativa Continuas o Cardinales y Variables Cualitativas u Ordinales.

4.3.1. VARIABLES CUANTITATIVAS – CARDINALES O DISCRETAS.

Cuando sólo toma un conjunto numerable de valores dentro de un intervalo, esto es, entre dos valores diferentes puede existir un mínimo finito de valores. Dicho de otro modo, cuando sólo toma valores enteros de un intervalo (número de hijos por familia, número de accidentes de tránsito por día, etc.)

4.3.2. *VARIABLES CUANTITATIVAS – CONTINUAS* O CARDINALES

Cuando entre dos valores del conjunto sobre el cual está definida la variable, se puede tomar infinitos valores, es decir, cuando toma cualquier valor de un intervalo, ejemplos: pesos, ingresos, estaturas, distancias, etc.

4.3.3. *VARIABLES CUALITATIVAS U ORDINALES*

Son solo susceptibles de ordenación, pero no de medición cuantitativa, sino cualitativa (grado de cultura de una persona: muy culta, regularmente culta, poco culta, inculta, etc.).

4.4. ANALISIS ESTADISTICO DEL COEFICIENTE DE CORRELACION Y COEFICIENTE DE DETERMINACION

Estas herramientas estadísticas nos proporcionan el grado de correlación entre las variables **independiente y dependiente**, dentro de un proceso de investigación científica en el planteamiento de una hipótesis.

Análisis estadístico de Factibilidad del Proyecto de Investigación Científica, utilizando los estadígrafos: **Coeficiente de Correlación y el Coeficiente de Determinación.**

Tomaremos el siguiente ejemplo de los números impares y pares, donde vamos a suponer que los números impares vienen a ser la variable independiente (X) y los números pares la variable dependiente (Y)

Donde:

Los números impares vienen a ser la Variable Independiente (X)

Los números pares vienen a ser la Variable Dependiente (Y)

No.	Xi	Yi	Xi * Yi	X²	Y²
1	1	2	2	1	4
2	3	4	12	9	16
3	5	6	30	25	36
4	7	8	56	49	64
5	9	10	90	81	100
	Xi = 25	Yi = 30	Xi * Yi = 190	X² = 165	Y² = 220

La fórmula del coeficiente de determinación:

$$r = \frac{n \, \Sigma \, (Xi * Yi) - \Sigma \, (Xi) * \Sigma \, (Yi)}{\sqrt{[n \, \Sigma \, (X^2) - \Sigma(X)^2]} \; * \; \sqrt{[n \, \Sigma \, (Y^2) - \Sigma(Y)^2]}}$$

Calcular y reemplazar la fórmula:

$$r = \frac{(5 * 190) - (25 * 30)}{\sqrt{[(5 * 165) - (25)^2]} \; * \; \sqrt{[(5 * 220) - (30)^2]}}$$

$$r = \frac{950 - 750}{\sqrt{(825) - (625)} \; * \; \sqrt{[(1100) \; * \; (900)]}}$$

$$r = \frac{200}{\sqrt{200 * 200}}$$

$$r = \frac{200}{\sqrt{40.000}}$$

$$r = \frac{200}{200}$$

$$r = 1$$

Calcular el coeficiente de correlación:

La fórmula $r^2 = r * r$

Reemplazando   **$r^2 = 1 * 1$ = $r^2 = 1$**

Estamos en condiciones de manifestar que nos dio una excelente correlación entre las variables independiente y dependiente, por tanto se debe continuar adelante con el proyecto hasta su conclusión.

Los resultados obtenidos 1 a 1 positivo coeficiente de correlación nos asegura que el Proyecto de Investigación Científica, debe proseguir su camino hasta su total conclusión, sin tropiezos.

4.5. ANALISIS DE FACTIBILIDAD DEL COEFICIENTE DE CORRELACION Y COEFICIENTE DE DETERMINACION.

Nos encargan la factibilidad de un proyecto de venta de Coca Cola en las afueras de la Universidad de Berkeley California, USA. Durante la época de verano y tomando en cuenta la competencia existente.

Donde: X = Refrescos de Coca Cola

Y = Grados C° de temperatura ambiente

No.	Xi	Yi	Xi * Yi	X²	Y²
1	50	22	1.100	2.500	484
2	60	25	1.500	3.600	625
3	100	27	2.700	10.000	729
4	200	30	6.000	40.000	900
5	280	33	8.250	62.500	1089
6	350	35	12.250	122.500	1225
	Xi = 1010	**Yi = 172**	**Xi * Yi = 31.800**	**X² = 241.100**	**Y² = 5052**

La fórmula del coeficiente de determinación:

$$r = \frac{n \, \Sigma \, (\mathbf{Xi} * \mathbf{Yi}) \; - \; \Sigma \, (\mathbf{Xi}) * \Sigma \, (\mathbf{Yi})}{\sqrt{[n \, \Sigma \, (X^2) - \Sigma(X)^2]} \; * \; \sqrt{[n \, \Sigma \, (Y^2) - \Sigma(Y)^2]}}$$

Calcular y reemplazar la fórmula:

$$r = \frac{(6 * 31800) - (1010 * 172)}{\sqrt{(6 * 241.100) - (1010)^2} * \sqrt{6 * (5052) - (172)^2}}$$

$$r = \frac{(190.800) - (173.720)}{\sqrt{(1.446.600) - (1.020.100)} * \sqrt{(30.312) - (29.584)}}$$

$$r = \frac{17.080}{\sqrt{426.500 * 728}}$$

$$r = \frac{17.080}{\sqrt{310.492.000}}$$

$$r = \frac{17.080}{17.620.8}$$

$$r = 1$$

Calcular el coeficiente de correlación:

La fórmula $\quad r^2 = r * r$

Reemplazando $\quad r^2 = 1 * 1 \;\; = \;\; r^2 = 1$

Nos arrojó una excelente correlación de 1 positivo para la variable independiente y 1 positivo para la variable dependiente, por tanto este proyecto de factibilidad de la apertura de una venta de refrescos de coca cola, en este periodo de verano, será rentable.

Por tanto se debe continuar con el Proyecto de *Investigación Científica, hasta la* **puesta en marcha del mencionado proyecto de factibilidad.**

ALGORITMO DEL COMPORTAMIENTO DE VARIABLES

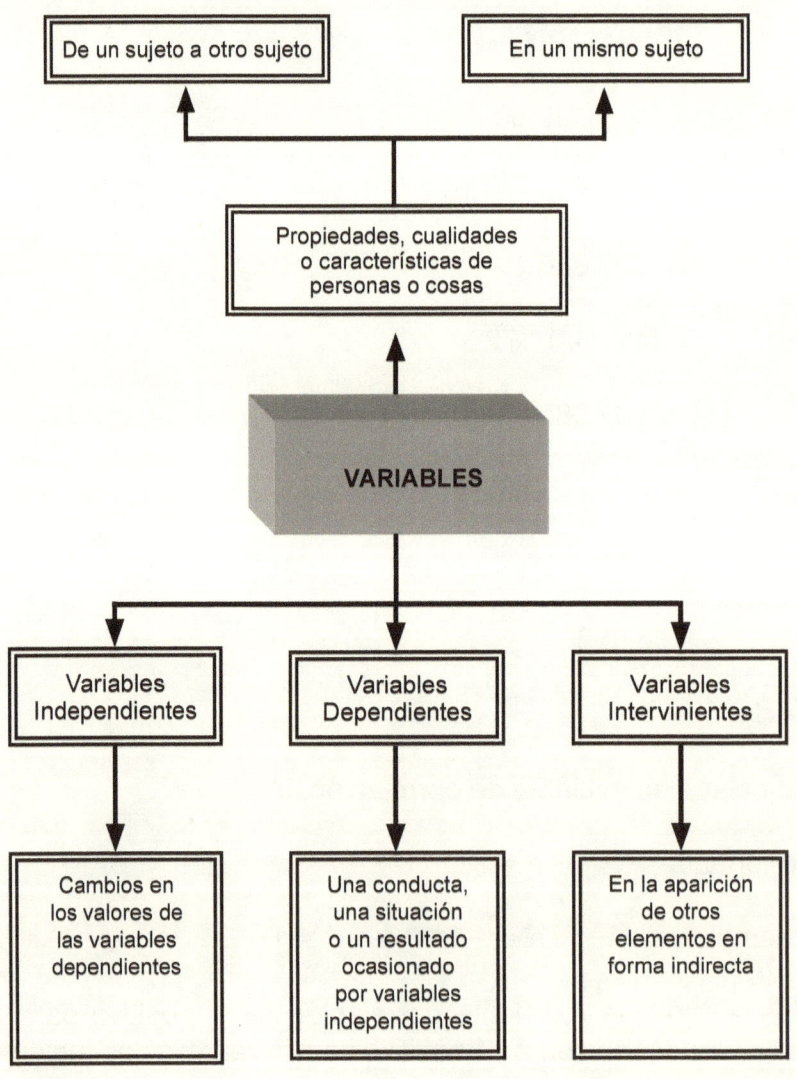

TIPOS DE VARIABLES

VARIABLE CUALITATIVA	VARIABLE CUANTITATIVA
→ Sexo, ocupación, precedencia, estado civil → Se refieren a propiedades de los objetos → Se determinan por su presencia o ausencia → No son medidas en términos de cantidad → No se asigna valores mayores o menores	→ Edad, peso, talla, escolaridad, temperatura → Pueden ser medidas en términos numéricos → Asignan valores a los fenómenos → Utilizan escalas con valores mayores o menores

VARIABLES CUANTITATIVAS

VARIABLE CONTINUA	VARIABLE DISCONTINUA O DISCRETA
Permite subdividir la escala de medición Variable talla: La unidad de medición es el metro que puede ser subdividido en centímetros y milímetros	La unidad de medición no puede ser fraccionada o subdividida. Variable número de hijos: los hijos no pueden fraccionarse

ALGORITMO DE VARIABLES
INDEPENDIENTE Y DEPENDIENTE

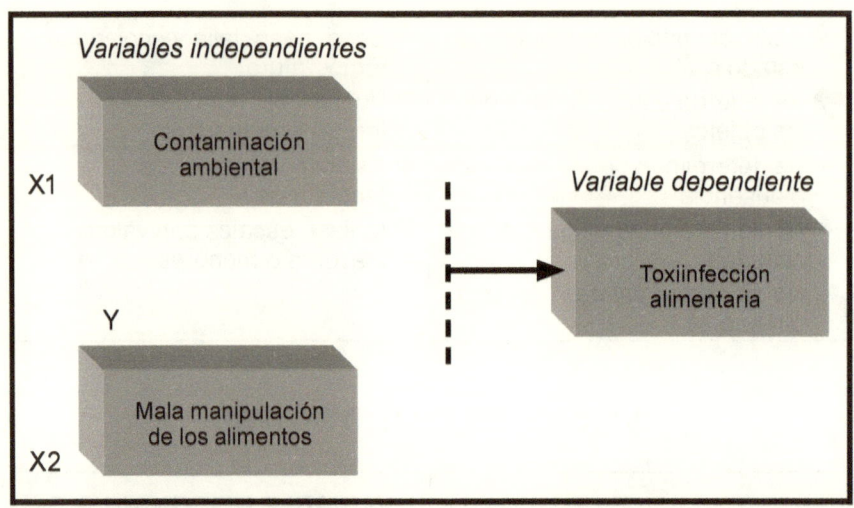

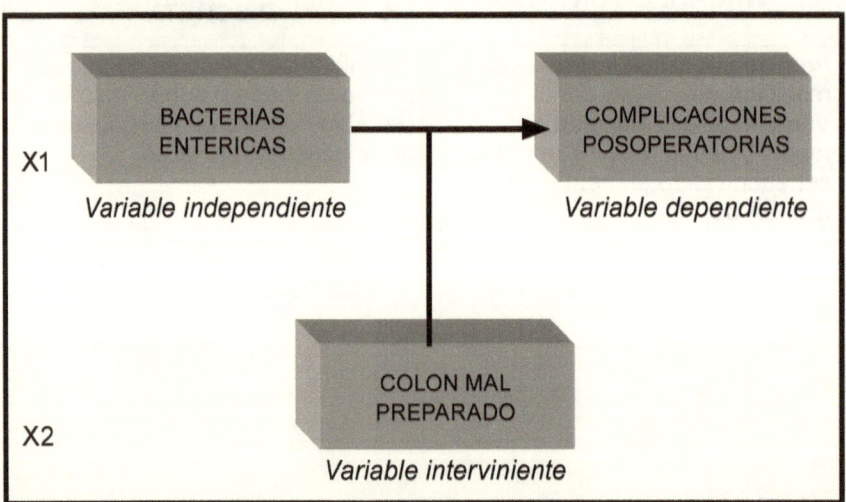

Las variables, tanto dependiente como la independiente e interviniente, actúan como independientes o dependientes, según la función que cumplen en la Hipótesis. Dicho de otro modo, identifican el Principio de Causalidad: **CAUSAS** y **EFECTOS.**

UNIDAD No. 7

CAPITULO V. OBJETIVOS

5.1. Objetivo General

Los objetivos: General y específicos, constituyen resultados finales logrados, que el Investigador ha llegado, y tienen una función rectora dentro del proceso de la investigación.

El proceso de Investigación Científica, propuesto a partir de la **formulación de la situación problemática del Tema, Planteamiento del problema, justificación del Tema e hipótesis probables,** orientada a la búsqueda de respuestas a los propósitos más amplios del estudio, presupone al final cambios en el proceso de Investigación Científica.

El Objetivo general, se establece como fase troncal, en el proceso de investigación con la finalidad de contar con la debida **consistencia y originalidad,** bajo las preguntas **¿Qué? y ¿Cuánto?**

Recuerde que el planteamiento del problema y la determinación de los objetivos son la base, el eje y el punto de partida fundamental para cualquier Perfil Proyecto de Investigación Científica.

En la medida que los objetivos estén bien formulados, será más fácil la planificación y la ejecución del estudio de Investigación Científica.

5.1.2. La Situación Problemática tiene estrecha relación con el Objetivo General y Objetivos Específicos

La formulación de la situación problemática del Tema, tiene una estrecha relación con el Objetivo General, y Objetivos

Específicos, es decir, el Investigador propone como va a dar solución a esa situación problemática.

Tomando en consideración el ejemplo del tema a investigar tenemos:

Crear una Comisión Extrajudicial Familiar con fuerza coercible y de cosa juzgada, integrada por un grupo profesional multidisciplinario (Un Abogado, Sociólogo, Psicólogo y en Trabajo Social), para evitar discriminación de género e inseguridad jurídica, disolución, de matrimonios y retardación de justicia en los juzgados de familia, que está provocando traumas psicológicos y daños físicos en el crecimiento y desarrollo de los hijos.

5.2. Objetivos Específicos

Los Objetivos Específicos constituyen la demostración y verificación metodológica, de cómo el Investigador logrará cristalizar la solución del Objetivo General.

Necesariamente **utilizará verbos de acción**. Dicho de otro modo se logrará a través del uso de métodos y teorías, para dar solución a los problemas planteados en el objetivo general, explicando el **¿Cómo? y ¿Por qué?.**

En otros términos el problema de investigación es una traducción lógica de la situación problemática acompañada de la alternativa a seguir para su contrastación y modificación total o parcial.

El Investigador dará **solución al Objetivo General, a través de los Objetivos Específicos, utilizando verbos que denoten acción.**

A saber:

1) **Interpretar,** el fenómeno de discriminación de género e inseguridad **jurídica en el Debido Proceso.**
2) **Contrastar,** la actuación del señor Juez de Familia, en el momento de fijar la asignación familiar, custodia y la tenencia de los hijos.
3) **Comprobar**, el exceso de casos y las falencias administrativas que ocasionan la retardación de Justicia.
4) **Identificar**, los nuevos paradigmas de conducta y comportamiento que vive nuestra sociedad, que dan origen a la disolución de matrimonios.
5) **Explicar**, el maltrato psicológico familiar, que está ocasionando desajustes emocionales para un adecuado desarrollo, armónico y sostenible de los hijos.
6) **Establecer**, las razones y parámetros del por qué los litigantes no creen en la justicia y la consideran de muy oneroso y una pérdida de tiempo.
7) **Organizar,** Seminarios, paneles, conferencias, para todos los jóvenes de la Secundaria (High School) en los establecimientos educativos del Estado de California, para concienciar los valores morales, la importancia del matrimonio y elevar el autoestima de los jóvenes, creando una nueva sociedad **con amor y responsabilidad.**

Verbos relacionados con el conocimiento y la investigación, que pueden ser empleados en la preparación de los Objetivos Específicos. Siempre iniciando con algún verbo que denote acción.

Agrupar	Deducir	Explicar	Planificar
Aislar	Diseñar	Establecer	Relacionar
Analizar	Definir	Expresar	Reconstruir
Comprobar	Diagramar	Fichar	Reformular
Construir	Detallar	Interpretar	Relacionar
Combinar	Detectar	Identificar	Resumir
Comparar	Dividir	Indicar	Resolver
Compilar	Ejecutar	Indagar	Seleccionar
Contrastar	Ejemplificar	Inferir	Señalar
Controlar	Enumerar	Observar	Sintetizar
Describir	Escoger	Ordenar	Sistematizar
	Esquematizar	Organizar	

Verbos Relacionados con comportamientos técnicos

Ajustar	Elaborar	Manipular	Pronosticar
Armar	Experimentar	Medir	Resolver
Calcular	Instalar	Programar	Utilizar
Diseñar	Localizar	Proyectar	

Verbos Relacionados de manera general e imprecisa

Alcanzar	Familiarizarse	Estudiar	Tomar
Apreciar	Creer	Hacer	conciencia
Captar	Distribuir	Investigar	Velar
Conocer	Entender	Lograr	

Fuente: Vila de Prado, Roberto, Guía para la elaboración de la tesis de licenciatura (El trabajo final de grado).

ALGORITMO DE LOS OBJETIVOS GENERALES

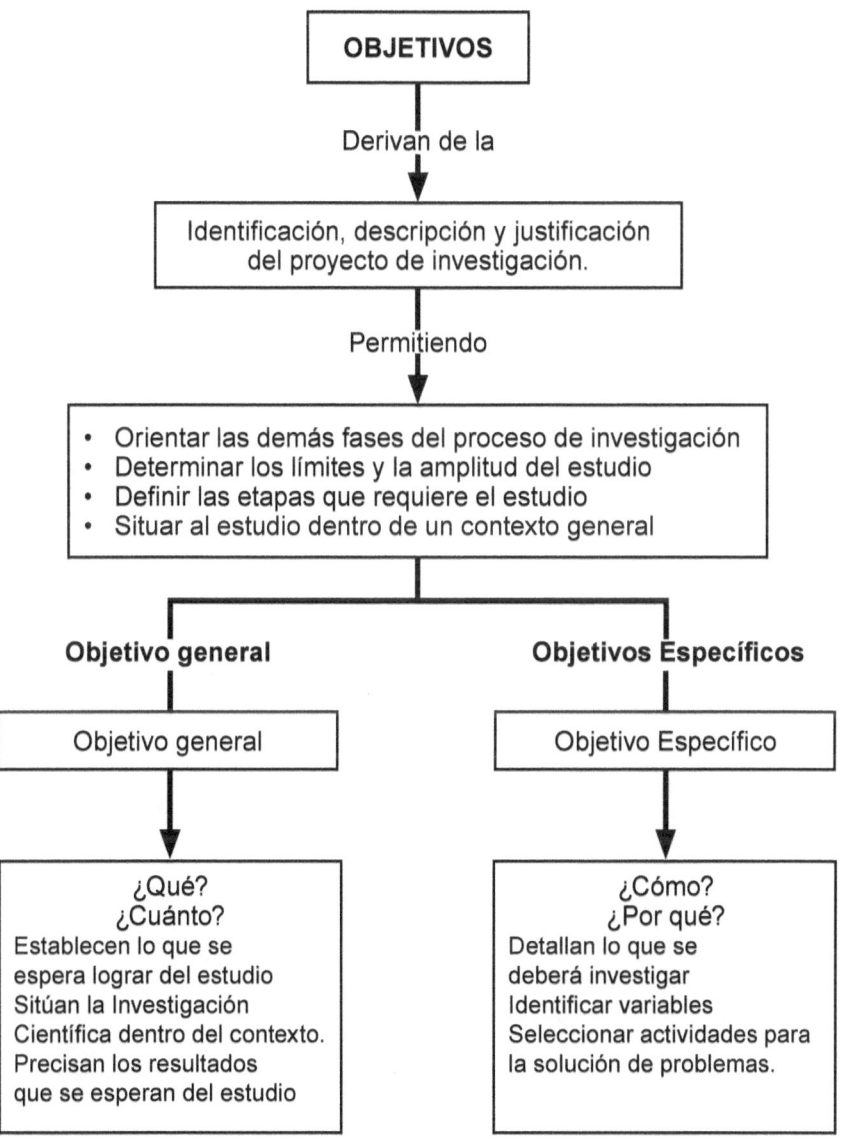

59

UNIDAD No. 8

CAPITULO VI. REVISION DE LITERATURAS

Consiste en **explorar, detectar, obtener, consultar bibliografías y otras literaturas, de donde se extraerán y recopilarán toda información válida**, relevante, fidedigna y útil, que coadyuvará los objetivos de nuestro estudio Perfil de Investigación Científica.

6.1. Definición del Marco Teórico – Referencial

El marco teórico – referencial, es el conjunto de conceptos, definiciones y proposiciones capaces de explicar y pronosticar los fenómenos, que se presentan con absoluta coherencia racional, a fin de respaldar la situación problemática de Investigación Científica, que servirá de fundamento creíble para la formulación de la Hipótesis.

El Marco Teórico – Referencial, dentro del proceso de investigación científica, consiste en la acumulación de varias teorías sobre el tema a investigar por diferentes autores, que deben ser insertados, tal como escribe el autor, para reflexionar sobre las diferentes formas de pensar sobre el mismo tema.

También se lo denomina probatorio o prueba teórica, porque se está mencionando el criterio de los autores.

Para Pardinas- El Investigador debe estudiar seriamente a profundidad el marco teórico - referencial de su Perfil Proyecto de Investigación Científica, donde encontrará la oportunidad de criticar su propio trabajo en cada uno de los pasos dados y descubrir errores que no hayan sido descubiertos antes.

El proceso de Investigación Científica, *para el Investigador* será de verdadero sacrificio, en la búsqueda de conocimientos, "nuevos".

Desde esos ciclos el Investigador puede aprender a **distinguir entre pensar y copiar, entre fuentes más confiables y fuentes menos críticas, entre certidumbre, matemática, lógica y probabilidad experimental.**

La utilidad más tangible consiste en evitar plagios y/o repeticiones de investigaciones generalmente costosas.

Es útil aprender ciencia, pero más útil será aprender el proceso por el cual los científicos llegan a conocimientos más probables, pero reformables.

La función primordial del marco teórico – referencial, es conocer todos los antecedentes referentes a la situación problemática de investigación.

Solo se logrará uniendo las fuentes bibliográficas, documentales que tengan relación con la temática en estudio.

El marco teórico - referencial tiene como propósito, sustentar teorías, métodos y tipos de estudio, esto implica analizar teorías, enfoques teóricos, investigaciones y antecedentes en general que se consideren válidos para el correcto estudio del Perfil de Investigación Científica.

La construcción del marco teórico – referencial, supone profundizar, desde la óptica del problema y de los objetivos, el conocimiento de las teorías que servirán de fundamento a la investigación.

Para ello es necesario examinar el contenido más relevante de las fuentes teóricas, **seleccionar la bibliografía, elaborar fichas bibliográficas y sintetizar el contenido de las**

mismas en discursos que puedan servir de soportes teóricos de la Investigación Científica.

Una vez planteado el problema de estudio y se haya evaluado su relevancia científica y la factibilidad del Perfil Proyecto de Investigación Científica. El siguiente paso consiste en sustentar teóricamente el tipo de estudio y preparar el marco teórico - referencial.

6.1.2. PROCEDIMIENTOS Y FUNCIONES PRINCIPALES DEL MARCO TEORICO - REFERENCIAL

1) Ayuda a prevenir errores que se hayan cometido en otros estudios.
2) Orienta cómo habrá que realizar el estudio.
3) Revisar antecedentes de cómo ha sido tratado un problema especifico de investigación, que tipos de estudios se han efectuado, que sujetos han recolectado los datos, en que lugares se han llevado a cabo, y que diseños metodológicos se han utilizado.
4) Amplía el horizonte de estudio y guía al Investigador a centrar su atención en el problema de estudio específico, evitando desvíos del planteamiento original.
5) Conduce al establecimiento de la Hipótesis o afirmaciones probables, que más tarde habrá de someterse a prueba con la realidad.
6) Inspira nuevas líneas y áreas de investigación
7) Provee de un marco de referencia para interpretar los resultados del estudio.

6.1.3. ETAPAS QUE COMPRENDE LA PREPARACION DEL MARCO TEORICO - REFERENCIAL

El marco teórico-referencial comprende 2 etapas:

- La revisión de la literatura correspondiente.

- La adopción de una teoría o desarrollo de una perspectiva teórica.

6.1.4. REVISION DE LA LITERATURA Y OTROS DOCUMENTOS

El Investigador determinará 3 tipos básicos fuentes de información para llevar a cabo la revisión de literatura.

a) **Fuentes primarias**.- constituye el objetivo de la investigación bibliográfica o revisión de la literatura y proporciona datos de primera mano, como ser: los libros, antologías, artículos de publicaciones periodísticas, monografías, test y disertaciones, trabajos presentados en conferencias o seminarios, películas documentales.

b) **Fuentes secundarias**; Son compilaciones, resúmenes y listados de referencias publicas en un área del conocimiento en particular (son listados de fuentes primarias, que procesan información de primera mano.

c) **Fuentes terciarias:** Se trata de documentos, títulos de revistas y otras publicaciones periodísticas, así como nombres y boletines, conferencias y simposios, nombres de empresas, asociaciones industriales y diversos servicios, títulos de reportes con información gubernamental.

No olvide consultar por Internet algunos libros que pueden llegarle a tiempo de cualquier parte del mundo si lo pides con anticipación.

6.2. PREPARACION DEL MARCO CONCEPTUAL

El Marco Conceptual constituye el proceso de transformación del Marco Teórico – Referencial en la más importante y relevante información de todo el trabajo de Proyecto de Perfil de Investigación Científica.

El Investigador, debe redactar su propio criterio o conceptos sobre el tema a investigar, en función al marco teórico referencial, donde se encuentran varias teorías de autores con diferentes formas de pensar sobre el tema. Esta actitud del Investigador, **convierte al Marco Conceptual en trascendental**

El Investigador al margen de redactar su propio concepto puede inclinarse a la teoría de algunos de los autores e inclusive puede añadir nuevas teorías válidas que orienten el proceso de investigación científica.

Cuando un Tribunal de Aprobación de un Perfil Proyecto de Investigación Científica está en proceso de revisión y aprobación de Tesis, primero es considerado por el mencionado Ente académico, el Marco Conceptual, como se ha preparado y redactado, que información válida y confidencial ha sido procesada, evaluando los nuevos conocimientos que contribuirán a la excelencia del Perfil Proyecto de Investigación Científica.

Porque el Marco Conceptual constituye la carta de presentación para que continúe revisando dicho Tribunal, para su consiguiente análisis, consideración y posterior aprobación definitiva del perfil proyecto de investigación, que servirá para la presentación de la Tesis de Grado. Este acontecimiento denota la personalidad del Investigador, por su aporte científico, conjugando teorías de otros autores.

El Marco Conceptual abarca aspectos explícitos e implícitos, resultado de la síntesis de las diferentes teorías estudiadas por diferentes autores en el marco teórico referencial. El marco conceptual constituye la fijación del conocimiento científico del problema, que pone de manifiesto el dominio pleno del tema en cuestión.

Para lograr esta transformación solo se necesita incorporar al texto del Marco Conceptual elaborado por el Investigador, ciertas referencias bibliográficas coherentes y apropiadas al propósito de la redacción, llegando al objetivo propuesto del Tema de Investigación.

6.2.1. Procedimientos para la construcción de un Marco Conceptual

a) Definir los conceptos principales, más relevantes para el tema, cuyo contenido tenga interpretación específica en el tema tratado.
b) Exponer una síntesis de la literatura sobre el tema incluyendo los resultados o hallazgos de estudios anteriores nacionales y extranjeros.
c) Describir la relación que existe entre el objeto de estudio y los sistemas teóricos conceptuales que pueden ser aclarados.
d) Conceptualizar el problema a través de un modelo que sea útil para clasificar futuras relaciones de las unidades conceptuales (o variables) previstas en la investigación.
e) Cada enunciado debe tener referencia bibliográfica correspondiente, o la cita bibliográfica con autor y año.

6.3. PREPARACION DEL MARCO HISTORICO.

El Marco Histórico se refiere a mencionar los acontecimientos epistemológicos, es decir, los hechos pasados ciertos, descriptivos, para realizar inferencias sobre el tema en cuestión a investigar.

6.4. PREPARACION DEL MARCO JURIDICO, POLITICO Y SOCIAL

Se refiere fundamentalmente construir el marco jurídico, con todos los temas compuestos o conectados con disposiciones legales en actual vigencia, nuevos paradigmas contemporáneos, políticos y sociales, que forman parte del tema de investigación en todo su contenido.

6.5. DETERMINACION DEL MARCO GEOGRAFICO.

Necesariamente se refiere a identificar física y geográficamente el lugar y el campo de acción del tema a investigar, es decir, que ciudad de la Nación, será donde se pondrá en ejecución el Proyecto Perfil de Investigación Científica.

UNIDAD No. 9

CAPITULO VII DISEÑO METODOLOGICO

7.1. Definición

Diseño metodológico, constituye la descripción y explicación de todos los procedimientos, métodos y tipos de estudios a ejecutarse de forma secuencial en la preparación y formulación del Proyecto Perfil de Investigación Científica.

Actualmente existen cuatro paradigmas de comportamiento (positivista, realista, hermenéutico e interaccionista), de los cuales los más utilizados en la Investigación Científica son: el **positivismo y el hermenéutico.**

El **paradigma positivista**, para muchos conceptualizado, **paradigma naturalista**, se caracteriza por el vínculo con las ciencias naturales, por el alto interés en la verificación y comprobación del conocimiento científico, sobre la **validez y confiabilidad** de datos, dentro del proceso de investigación.

Es más se pueda medir y cuantificar sobre todo a través de predicciones o hipótesis.

El **paradigma Hermenéutico,** su principal interés no es llegar a un conocimiento objetivo, sino llegar a un conocimiento consensuado, para interpretar con certeza, lo que se requiere entender e interpretar, sólo así se podrá arribar a nuevos conocimientos.

El **paradigma Realista,** consiste en aplicar el principio de causalidad, buscando las causas y efectos que respondan de algo que sucedió, es decir, describir todos los hechos epistemológicos acontecidos, constituyéndose en un **paradigma descriptivo**.

El paradigma Interaccionista, busca la interconexión de elementos que pueden estar influyendo en algo que suceda.

Sin embargo podemos afirmar que ningún paradigma es mejor que otro.

Todos los paradigmas, permiten un acercamiento para conocer la realidad y conocerlos de diferentes maneras, dependiendo **qué es lo que quieren conocer, por qué quieren conocer y para qué quieren conocer.**

¿Qué es Método?

El método es la vía, el modo, el procedimiento empleado para resolver de forma ordenada y sistemática una tarea práctica, dentro del proceso de investigación.

Deriva de las raíces griegas: META (hacia a lo largo) es **una proposición** que da idea de movimiento y ODOS **significa el camino.**

Por tanto, entenderemos por **Método** el camino hacia algo, hacia un **objetivo**.

Cabe aclarar y señalar que cada ciencia tiene su propio método.

El Investigador debe trazar una serie de acciones para llegar al objetivo propuesto.

Estas acciones o formas de obtener conocimientos nuevos y verdaderos **se denominan como el método científico.**

(Para Mario Bunge) El estudio del Método Científico, es la teoría de la investigación. Esta Teoría es descriptiva, porque descubre pautas reales de la **Investigación Científica**.

En consecuencia el **Método Científico**, es un proceso ordenado de acciones, basado en el marco conceptual determinado, cuyas reglas le permitan avanzar en la secuencia del conocimiento científico, **desde lo conocido a lo desconocido.**

¿Qué es la Investigación Científica

La Investigación Científica es un proceso de aproximación a la realidad física o emocional a través de la reflexión o experimentación, obteniéndose nuevas experiencias y/o conceptos que permiten profundizar el proceso de manera cíclica. Estos niveles de aproximación pueden ser: descriptivos, o comprensivos e incluso incorporar todos los niveles.

Constituye error lógico al identificar la "investigación", como **"investigación científica". Por tanto, no toda investigación es científica.**

A la Investigación Científica llevamos nuestras experiencias, propuestas, y objetivos a prueba de hipótesis científicas, sean en intentos **de confirmación** a través de la utilización **del método Inductivo** o de **refutación** a través **del método Deductivo.**

Los Métodos Teóricos de aproximación al objeto de Investigación Científica.

Los métodos del conocimiento teórico permiten revelar las causas y efectos entre los procesos y fenómenos de la realidad, que por lo general no se pueden observar directamente.

Entre estos métodos tenemos:

a) **Método del Análisis**.- Es la separación material o mental del objeto de investigación en sus partes integrantes, con el propósito de descubrir los elementos esenciales que lo conforman, se utiliza para comprender los fenómenos complejos y contradictorios de la vida real y social.

b) **Método de la Síntesis**.- Consiste en la integración material o mental de los elementos o nexos esenciales de hechos descriptivos, con el fin de fijar las cualidades y rasgos principales inherentes al conocimiento objeto de nuestra investigación.

c) **El análisis y la síntesis no actúan separadamente**, ellos constituyen una unidad concebida como método analítico sintético del conocimiento científico.

d) **Método de la Deducción.-** Es el método de la obtención del conocimiento de lo **general a lo particular** y permite extender los conocimientos que se poseen de una clase determinada de fenómenos a otro cualesquiera que pertenezca a esa misma clase. Este método implica un análisis que consiste en descomponer el todo en sus partes y estos en sus elementos constitutivos

e) **Método de la Inducción.-** Es el método de la obtención del conocimiento que conduce de lo **particular a lo general**, de lo simple a lo compuesto de las partes al todo. En las ciencias sociales nos conduce de los hechos pasados a las causas y al descubrimiento de las leyes.

f) **Método hipotético deductivo.-** Este método permite el surgimiento de nuevos conocimientos, a partir de conocimientos establecidos que progresivamente son sometidos a deducciones. Este método tiene un gran valor heurístico, ya que puede adelantar o corroborar nuevas hipótesis, así como inferir el desarrollo ulterior a partir del sistema de conocimientos establecidos en la teoría de una ciencia determinada.

g) Además imprime un carácter sistematizado, integrador y coherente al conjunto de principios, leyes y conceptos que conforman una teoría científica.

h) Método de Modelación.- El método de modelación es una representación del conocimiento, que el Investigador crea, para explicarse la realidad. El método de modelación sustituye al objeto real y permite en ocasiones explicar rasgos y particularidades con más facilidad que con el objeto real. (Ejemplo: El sistema económico que impera en el País).

El método de modelación, como sustituto del objeto real, permite que el Investigador descubra nuevas relaciones y regularidades que no son visibles en la realidad.

i) Método Dialéctico.- Es un método teórico que permite comprender la estructura y dinámica del objeto así como descubrir la contradicción que es fuente de su propio movimiento y desarrollo. La comprensión de las relaciones contradictorias internas del objeto permite describir el paso de los cambios cuantitativos a los cualitativos que determinan el fenómeno, **sea lo que es.**

j) Método estadístico.- El método o métodos estadísticos tienen como objetivo el facilitar el análisis y la síntesis de las grandes masas de datos cuantitativos, comprende fundamentalmente, el cálculo de índices, proporciones, razones, porcentajes la media aritmética, la Mediana el Modo, y otros estadígrafos, que contribuirán a explicar los comportamientos y tendencias de los fenómenos estudiados.

ETAPAS DEL DISEÑO METODOLOGICO

1. Tipo de investigación ¿Qué tipo de investigación realizará?
   - Descriptiva - Analítica-Experimental
   - Prospectiva - Retrospectiva
   - Transversal - Longitudinal

2. Área de estudio ¿Dónde se realizara la investigación?
   - Lugar
   - Ubicación geográfica
   - Institución (hospitales, escuelas, colegios, clínicas, etc.) barrios representativos

3. Muestra ¿donde se investigará?
   - Tamaño de la muestra
   - Criterios para la selección de la muestra
   - Organización de los grupos de estudio

4. Unidad de análisis ¿Qué se analizará?

5. Definición y operacionalización de variables ¿Qué instrumentos utilizará? ¿Han sido claramente definidas las reglas, tipos de estudio y métodos para definir las variables?

6. Diseño metodológico (descripción de todas las actividades en forma secuencial) ¿Cómo se ejecutará?

7. Análisis de los resultados
   - Determinar las variables que se analizarán individualmente
   - Identificar las variables que deben cruzarse
   - Establecer las herramientas estadísticas que se utilizarán (media aritmética, mediana, tabla de frecuencias, Chi cuadrado, varianza, desviación estándar, Coeficiente de Determinación y Coeficiente de Correlación u otras)

UNIDAD No. 10.

CAPITULO VIII REDACCION DE CUESTIONARIOS PARA ENCUESTAR

8. Requisitos fundamentales para la elaboración de cuestionarios

Un cuestionario es un instrumento de recopilación de datos, rigurosamente estandarizado, que traduce y ejecuta determinados problemas que son objeto de investigación.

Este manejo se realiza mediante la formulación escrita de una serie de preguntas que serán respondidas por los sujetos de la encuesta, que permiten estudiar el hecho propuesto en la investigación científica o verificar la hipótesis.

Para que el cuestionario cumpla con las exigencias del método científico, debe responder a dos requisitos:

- validez
- fiabilidad

La validez, un cuestionario es válido, si los datos obtenidos se ajustan a la realidad sin distorsión de los hechos acontecidos.

La fiabilidad del cuestionario como instrumento de recolección de datos, viene por la capacidad de obtener iguales o similares resultados aplicando las mismas preguntas acerca de los mismos hechos o fenómenos.

El cuestionario debe reunir otras exigencias metodológicas, para facilitar la tabulación de los datos recogidos y el examen de los mismos, asegurando la comparación de las respuestas que proporcionan las personas o grupos investigados.

Un cuestionario debe aparecer como un intercambio verbal lo más natural posible. Las preguntas deben ser sencillas, claras, concretas y concisas, de modo que resulten fácil de comprensión para las personas a quienes van dirigidas, no debe darse lugar a interpretaciones dudosas o falsas.

8.1. Número de preguntas que debe tener el Cuestionario

Resulta evidente, que un elevado número de preguntas puede fatigar al sujeto que debe responderlas y desmejorar la calidad de las contestaciones.

Este riesgo es menor cuando las preguntas son fáciles de entender y sencillas para contestar.

A través de numerosas encuestas ha podido comprobarse que el exceso de preguntas disminuye la calidad de las respuestas y aumenta el porcentaje de abstenciones.

Algunos autores establecen una regla general, señalando que no conviene sobrepasar las 10 a 30 preguntas subdivididas, en caso necesario, en sub-preguntas.

Otras experiencias pretenden demostrar que el número de preguntas no constituye un factor importante.

En algunos Investigadores existe la tendencia de hacer el mayor número posible de preguntas, como si con ello se asegurara mejorar la investigación.

Eso no es cierto. Lo recomendable es que el Investigador que elabora el cuestionario se pregunte siempre **¿Qué haré con las respuestas de esta pregunta, ¿para qué me servirá?¿estoy llegando a mi objetivo? ¿conseguiré la cristalización de lo planeado en la investigación?.**

8.2. La selección de las preguntas para el Cuestionario

En lo concerniente a este punto, el Investigador debe destacar que es una tarea condicionada por muy diversos factores:

- Naturaleza de la información que desea obtener
- Nivel socio-cultural de aquellos a quienes se aplicara el cuestionario
- Características, modalidades, costumbres, prejuicios, tradiciones, conflictos, etc. de la población en donde se realiza la encuesta
- Variables buscadas
- posibilidades y límites de la investigación, etc.

No puede establecerse, un criterio normativo general en lo que se refiere a la mejor elección de las preguntas, ya que esto dependerá de los factores que incidan en cada caso concreto.

No obstante, existen ciertas reglas generales que pueden ser útiles si se adoptan con la necesaria flexibilidad y creatividad con que hay que utilizar todas las pautas operativas. El Investigador debe partir, resumiendo lo que ha sido publicado al respecto y basándose en su propia experiencia, exponer o presentar una serie de sugerencias que nosotros resumimos a continuación, adaptándolas a la finalidad introductoria de preparar cuestionarios:

8.3. Resumen de sugerencias para preparar cuestionarios

1. Debe incluirse solamente preguntas que tengan una relación directa con el problema en cuestión, o con la evaluación de la metodología empleada en la investigación (especialmente como control).
2. Deben incluirse solamente preguntas cuyas respuestas induzcan a obtener más exactitud y eficacia de otras fuentes de información, excepto en el caso que se desee emplearlas como comprobación de la muestra o

en la tabulación de nuevos datos estadísticos recogidos durante la investigación.

3. Se tendrá en cuenta los requisitos y necesidades establecidos en los planes de codificación o tabulación de la encuesta, otros estudios o encuestas realizadas sobre temas similares, usando si es posible, las mismas preguntas, terminología, definiciones y unidades de medición, esto permitirá la comparación con objetivos iguales, en lo que respecta a definiciones y en particular a estudios de población, vivienda y cuestiones adoptadas por el Instituto Interamericano de Estadística.

4. Las preguntas deben ser de tal manera y forma que los individuos interrogados puedan responderlas sin mayores dificultades. Tienen que ser fáciles, comprensibles y estar a la altura de su nivel de formación.

5. Por ejemplo, si se desea realizar en el país una encuesta sobre el control de natalidad, no puede incluirse una pregunta como:

«¿*Acepta usted el neomaltusianismo?*»

La gran masa de la población, no está en la capacidad de entender el significado de este término. La misma cosa ocurrirá si se preguntara:

«¿*Qué piensa usted de los estudios económicos de la CEPAL?*».

6. Se debe evitar todas las preguntas confidenciales e indiscretas no necesarias. Es conocido el ejemplo de un estudio de carácter social realizado en Estados Unidos de Norteamérica, en el cual se preguntaba a las mujeres casadas si vivían o no con sus maridos.

Esta pregunta por su indiscreción, ocasionó resentimientos en .la población, lógico es de suponer la frustración de los resultados de la encuesta. Sin embargo, los temas tabú se deben investigar con precauciones especiales.

7. No incluir preguntas que exijan excesivo trabajo a quienes tienen la obligación de responderlas.

8.4. ¿Cómo comprobar la validez y la fiabilidad de los cuestionarios?

El Investigador nunca debe tener una seguridad absoluta, sin embargo se pueden introducir algunos elementos de control.

Señalaremos algunos más conocidos:

*   Comprobación por otras fuentes de información.
*   Una segunda técnica es la denominada "know groups", que consiste en aplicar el cuestionario a personas que de antemano se sabe que tienen valores muy altos o muy bajos respecto a las características que se pretenden conocer con el cuestionario.
*   Otra técnica, contrastar las respuestas verbales con el comportamiento real.
*   Por último, utilizar un auxiliar útil la llamada "random probe" o prueba aleatoria, mediante la utilización de preguntas que sirven para aclarar respuestas y saber el grado de comprensión que tienen los encuestados. Todo esto, en opinión de (**Ander – Egg**)

8.5. TIPOS DE PREGUNTAS

Existen diferentes tipos de preguntas y son clasificadas por lo menos en diez categorías, a saber:

*   de hecho
*   de acción
*   de intención
*   de opinión

- índices o test
- tamiz o filtro
- de control
- introductorias o rompehielos
- amortiguadores
- embudo de preguntas

Describiremos brevemente cada uno de estos diez tipos de preguntas.

Sin embargo podemos agregar otros tipos de preguntas incluyendo sus descripciones:

- preguntas abiertas
- preguntas cerradas
- cerradas biopcionales
- cerradas multiopcionales
- de selección simple múltiple
- categorizadas o de selección simple

8.5.1. Las preguntas de hecho

Se refiere sobre cuestiones concretas y tangibles, fáciles de precisar y de comprobar, como son los hechos y acontecimientos epistemológicos.

Suelen ser muy corrientes y numerosas en las investigaciones censales.

Ejemplo:

- *¿Cuántos hijos tiene?*
- *¿Cuál es su profesión?*
- *¿Con que frecuencia asiste al cine?*
- *¿Posee usted automóvil?*
- *¿Cuántos acres de viña tiene plantadas?*

De los ejemplos anteriores resulta claro que algunos hechos son únicos, mientras que otros son repetitivos (más o menos habituales o regulares).

En este último caso, es importante la determinación de la duración del periodo en que se dan los hechos.

Las preguntas corrientes sobre edad, sexo, domicilio, estado civil, nacionalidad, etc., son preguntas de hecho. Casi siempre son contestadas con sinceridad y sin abstenciones, salvo en los casos en que el interrogado suponga que, de su respuesta, puede derivarse una consecuencia negativa para el encuestado.

8.5.2. Las preguntas de acción

Son acciones, actitudes o decisiones tomadas al individuo encuestado. Ejemplo:

- *¿Sembró usted maíz este año?*
- *¿Participo en programas de vivienda? ¿Con que objeto?*
- *¿Voto usted en las últimas elecciones?*

Este tipo de preguntas resulta tan conciso y fácil de contestar como el anterior, salvo que se pregunte algo ocurrido en época tan lejana que el individuo encuestado no pueda recordar con exactitud.

En algunos casos, según se pregunte, puede despertar cierta desconfianza en el interrogado, lo cual podría incidir negativamente sobre el grado de sinceridad y el número de abstenciones.

8.5.3. Las preguntas de intención.

Tratan de averiguar al individuo, que haría si eventualmente se diera una determinada circunstancia. La respuesta no debe ser considerada como evidente a la realidad, o caso concreto, puesto que siempre existe una diferencia entre la situación hipotética y la situación real. No obstante, los resultados pueden ser considerados aproximativos.

Este tipo de preguntas se utiliza preferentemente en encuestas pre - electorales. Ejemplo:

- *¿Por qué partido votaría usted si mañana hubiese elecciones?*
- *¿Participaría usted en una cooperativa agropecuaria?*

Resulta algo más difícil de contestar que las preguntas de hecho o de acción, ya que no se refieren a hechos o acciones concretas realizadas, sino a una acción hipotética. Una acción cuyo desenlace induciría en una encuesta intempestiva.

Otra forma de categorización son las **preguntas de estimación:**

Este tipo de preguntas introducen dentro del abanico de respuestas, diversos grados de intensidad para un mismo ítem.

Las respuestas sugeridas, en lugar de ser cualitativas, aquí son cuantitativas e indican el grado de intensidad creciente o decreciente.

Se trata de una variante del abanico cerrado, en donde el interrogado puede elegir la respuesta según el grado de adhesión a la pregunta.

Veamos algunos ejemplos:

¿Qué opina usted de la política económica del Gobierno Nacional?

Aprobación total .... ☐
Aprobación con reparos .... ☐

Posición no definida (ni aprobación, ni desaprobación).........................□
Desaprobación en ciertos aspectos...□
Desaprobación total ....□

¿Cómo calificaría, en general, la enseñanza que se imparte actualmente en las Universidades?.

Excelente...□
Buena ....□
Mediana...□
Deficiente ....□
Muy deficiente ....□

En lugar de indicar un punto «neutro» en el medio del «abanico», podría hacerse un abanico conforme a una gradación de mayor a menor, o viceversa.

Veamos algunos ejemplos:

¿Le ha interesado conocer el estado de cuentas financieras de su Gobernación?

Mucho...□
Algo ....□
Poco ....□
Nada...□
No sabe ....□

¿Piensa usted votar en las elecciones del 2020?

Si con toda seguridad ....□
Probablemente si ....□
Probablemente no...□
No con toda seguridad ....□
No se ha decidido todavía..□

Tienen cierta semejanza con las preguntas de intención, pero en este caso, no se interroga sobre lo que el Investigador haría en cierta circunstancia concreta, sino sobre lo que piensa u opina acerca de algo.

Este tipo de preguntas siempre exige en la respuesta una toma de posición personal. El ejemplo que dimos anteriormente:

¿Qué opina usted de la política económica del Gobierno Nacional?

Una pregunta de este tipo: No contesta .... □

Una variante en la forma de respuesta consiste en pedir al interrogado que marque una cruz sobre una línea graduada de acuerdo con la intensidad de su opinión.

8.5.4. Las preguntas de opinión.

Las encuestas de opinión se basan en este tipo de preguntas:

Ejemplos:

- *¿Cuál es para usted la mejor marca de relojes?*
- *¿Qué opina usted del divorcio?*
- *¿Qué piensa usted del programa de televisión «Univisión»?*

Estas preguntas requieren generalmente cierto grado de reflexión por parte del interrogado, con lo cual resulta algo más difícil de contestar que las preguntas sobre hechos o acciones.

Por otra parte, su carácter de opinión personal tiende a hacer que el individuo se sienta comprometido con su respuesta, lo cual acentúa la posibilidad de insinceridad o el número de abstenciones.

Pero esto depende en última instancia, del contenido de la pregunta; no es lo mismo preguntar por una marca de relojes que por un partido político.

Cuando se piensa en tendencias políticas, se usan normalmente las palabras izquierda y derecha.

Sitúese por favor, en la escala siguiente de acuerdo con su tendencia política.

Extrema izquierda ....

Extrema derecha ....

No sabe ....

No contesta ....

8.5.5. Las preguntas índices o preguntas-test.

Se utilizan con el fin de obtener información sobre cuestiones que suscitan recelos en la persona interrogada o que, formuladas directamente, entran dentro de la categoría de preguntas socialmente inaceptable.

Mediante este tipo de preguntas se trata de estudiar un fenómeno, no de manera directa, sino a través de un «síntoma» o «índice» revelador.

Así, por ejemplo, si se desea investigar sobre las ganancias de las industrias de una zona, no sería conveniente preguntar directamente

¿A cuanto asciende sus utilidades de este año?

El interrogado podría sentirse incomodo, desconfiar de las intenciones de la encuesta o temer consecuencias impositivas por parte del IRS o fisco. Todo ello llevaría a la insinceridad o a las abstenciones. En tal caso, la pregunta «índice» podría ser:

- *cantidad de materia prima utilizada*
- *volumen de producción mensual*
- *ventas realizadas*

En las encuestas sobre nivel de vida, en lugar de preguntar directamente:

«¿*Cuánto gana usted?* » *se suelen colocar preguntas* «índices», como:

¿*Posee usted automóvil*...*si no*

¿*Tiene casa propia*...*si no*

¿*Tiene Televisor*..*si no*

¿*A su cargo tiene personas dependientes* ....*si no*

Este tipo de preguntas resulta valioso en los casos en que la interrogación directa puede ser considerada indiscreta, impropia, intencionada o peligrosa por cualquier motivo.

No obstante, tiene los inconvenientes generales de muchos tests:

La apreciación subjetiva sobre la validez del índice, se debe tener mucho cuidado en la interpretación de las respuestas y en la correlación que se establezca entre el índice o síntoma revelador adoptado y la realidad de los hechos epistemológicos.

8.5.6. Las preguntas tamiz.

Son preguntas que actúan como filtro en relación con otras preguntas y se formulan antes o después de la pregunta considerada importante.

Ejemplo: si formulamos la pregunta:

«¿*Piensa usted comprarse un automóvil?*»,

Unos contestarán *no* porque ya lo tienen. Entonces hay que hacer una pregunta tamiz, en este caso, precede a la pregunta importante:

« ¿Tiene usted automóvil?: si...   no...»

8.5.7. Las preguntas introductorias o rompehielos.

Son aquellas «sin importancia e inofensivas» (no dan lugar a controversias) que se hacen al comienzo del cuestionario para captar la atención, romper el hielo y ganarse la confianza del entrevistado.

8.5.8. Las preguntas amortiguadoras.

Son cuestionarios que actúan como muelles, precediendo a preguntas que tratan temas difíciles y escabrosos; así pues intentan amortiguar el efecto negativo que pueden tener determinadas preguntas.

8.5.9. Las preguntas Embudo.

Mas que un tipo de pregunta, se trata de una forma de disponer las preguntas en una progresión lógica, que puede ir desde la más sencilla a la más complicada o desde los aspectos más generales a los cuestionarios más concretos y precisos

8.5.10. Las Preguntas de Control.

Estas preguntas tienen por finalidad introducir en el mismo cuestionario, algunas preguntas que permiten averiguar o comprobar la veracidad y consistencia de determinadas respuestas.

Existen dos tipos principales de preguntas de control:

- Unas para **comprobar la veracidad de las respuestas,** para ello se hacen preguntas trampas.
- Y otras para **verificar la consistencia de las respuestas** se introducen preguntas similares pero redactadas de diferentes formas y espaciadas entre sí dentro del cuestionario

8.5.11. Formas de preguntas abiertas.

Las preguntas abiertas, suelen denominarse también libres o no limitadas, son aquellas en las que el interrogado construye la respuesta con su propio vocabulario, expresando cuanto desea sobre la cuestión planteada y sin tener ningún límite alternativo para su respuesta.

Ejemplo: la pregunta.

> ¿Qué *piensa usted de la política económica del Gobierno Nacional?*

Constituye una pregunta abierta, ya que la respuesta puede ser dada libremente, según la opinión del interrogado y de manera que él desee.

Esta forma de pregunta presenta la ventaja que el informante puede enfocar la respuesta con plena libertad y según sus modalidades y deseos, manifestando sus opiniones de manera más matizada y profunda.

La pregunta abierta, que anteriormente habíamos puesto como ejemplo, podemos transformarla en pregunta cerrada si la formulamos de la siguiente manera:

¿Está usted de acuerdo con la política económica del Gobierno Nacional?:

> Si ....
> No ....
> Sin opinión...............................
> No sabe ....

Como es obvio, la respuesta debe ser forzosamente «si» o «no», salvo que la contestación corresponda a un «sin opinión »o a un «no sabe».

Tiene un inconveniente, que resulta dificultosa su categorización y tabulación de las respuestas, debido a que estas deben ser codificadas y determinadas de acuerdo a propósitos definidos:

Ejemplos:

- ¿Cuál es su opinión acerca del problema del maltrato de menores?
- ¿Qué opina sobre el aborto?
- ¿Por qué el consumo de drogas en adolescentes, constituye un problema social?
- ¿La separación de hijos de sus padres en frontera de Estados Unidos, provocará traumas psicológicos y emocionales en su desarrollo y crecimiento?

En estos ejemplos, el abanico de respuestas es **cerrado,** quien conteste no tiene posibilidades de manifestar su opinión, fuera de las respuestas incluidas.

8.5.12. Forma de preguntas Cerradas.

En este caso el encuestado debe dar una respuesta numérica directa.

Ejemplos:

- ¿Cuántos años tiene Ud?..................años
- ¿Cuál es su peso?...............................Kilogramos o libras
- ¿Qué nota obtuvo en su examen....../ 100

8.5.13. Forma de preguntas cerradas biopcionales.

El encuestado elige, entre dos alternativas.

Ejemplos:

¿Es fácil comprender las explicaciones del profesor en la asignatura de Investigación Científica?

Si ....

No............

El consumo de drogas en jóvenes adolescentes, ¿genera en ellos problemas psicológicos y emocionales?

Si..............

No............

Estas preguntas cerradas o dicotómicas, llamadas también «limitadas» o «alternativas fijas», solo pueden ser contestadas por un «si» o un «no», y en último caso por un «no se» o «sin opinión».

No hay en este caso, matices de respuestas ni posiciones intermedias, ni se da lugar, a que contesten quienes todavía no se han formado un juicio sobre el problema.

Este tipo de indicadores de nivel "nominal", acepta el cálculo de **porcentajes, proporciones y razones estadísticas.**

8.5.14. Forma de preguntas cerradas multiopcionales.

8.5.14.1. De selección simple

Este tipo de encuestas presentan más de dos opciones de respuesta, de las cuales el encuestado deberá escoger una sola.

Ejemplos:

¿Realiza Ud., lectura científica para el desarrollo de sus estudios?

1   Nunca
2   Algunas veces
3   A veces si, a veces no
4   La mayoría de las veces
5   Siempre

¿Cuánto tiempo dedica diariamente a sus estudios?

1   Una hora
2   De una a dos horas
3   De dos a tres horas
4   De tres a cuatro horas
5   Más de 4 horas.

8.5.15. Forma de preguntas cerradas de selección múltiple

8.5.15.1. Categorizadas o de selección múltiple.

Se trata en cierto modo de preguntas cerradas, dentro de los extremos de una escala, permiten una serie de alternativas de respuestas cuyos matices son fijados de antemano.

En ellas, las respuestas posibles ya vienen dadas y estructuradas junto con las preguntas; el interrogado solo tiene que elegir entre varios tipos de grados de opinión.

Las preguntas categorizadas admiten dos formas que *Duverger* denomina:

• preguntas con respuestas en abanico
• preguntas de estimación

Como una forma de preguntas categorizadas, tenemos las **preguntas con respuestas en abanico,** que permiten contestar escogiendo o señalando una o varias, respuestas presentadas junto con la pregunta.

En un estudio para un programa de desarrollo de la Comunidad, podría utilizarse este tipo de preguntas, de acuerdo con el ejemplo siguiente:

¿Indique por favor cinco servicios públicos que considere más importantes de atención urgente en su Comunidad?

Servicio eléctrico.............	Asistencia Médica ....
Vivienda........................	Clínicas..
Desempleo	Salas de primeros auxilios o emergencia ......
Defensa social................	Obras sanitarias ....
Escuelas.......................	Teléfonos ....
Educación de adultos	Correos..
Guarderías	Mercados..
Transportes públicos	Alumbrado público.......................................
Bibliotecas	Maternidad ....
Campos deportivos	Protección del medio ambiente......................

En este ejemplo, el abanico de respuestas es **cerrado,** quien contesta no tiene posibilidad de manifestar su opinión fuera de las respuestas incluidas.

Sin embargo, puede transformarse en abanico **abierto,** con solo agregar la posibilidad de proporcionar una respuesta libre distinta de las escritas.

Ejemplo:

«Indique otros problemas que considere importantes»

Las desventajas de preguntas cerradas, son también evidentes: no permiten matizar el pensamiento y limitan las respuestas o alternativas prefijadas por el Investigador que ha redactado las preguntas.

Están formuladas de tal manera que el encuestado debe emitir su Juicio criterio respecto de un tema específico, de tal modo que las contestaciones a una misma pregunta puedan ser variadas. Esto dificulta su tabulación.

La pregunta no debe inducir a una respuesta, sea afirmativa o positiva.

Ejemplo: no es correcto preguntar:

¿Es cierto que la calidad del servicio de transporte público urbano es mala?

(En este caso estamos estimulando al encuestado una respuesta afirmativa. Dicha respuesta no tendría validez científica)

La pregunta adecuada a formularse sería:

¿Qué categoría concede Ud., al servicio de transporte público urbano?

    1.- Muy mala
    2.- Mala............
    3.- Ni mala, ni buena
    4.- Buena
    5.- Muy Buena
    6.- Excelente

8.5.16. RECOMENDACIONES GENERALES PARA LA REDACCION Y APLICACIÓN DE CUESTIONARIOS

a) Incluir una pregunta por cada indicador de segundo nivel. Además se debe examinar el nivel de medición de cada ítem y con ello los estadígrafos necesarios.

b) La redacción debe ser clara a fin de favorecer su comprensión y evitar confusiones al encuestado.

c) Incluir las aclaraciones sean necesarias a lo largo del instrumento, a fin de garantizar el entendimiento del mismo, por ejemplo: "escoja una sola opción", "escoja tres de las cinco opciones" "colocar un visto a la izquierda de la opción seleccionada". etc.

d) Si la pregunta provoca cierta incomodidad en el encuestado, es mejor omitir el nombre del mismo en el instrumento, cuando sea posible.
e) Es interesante a efectos de control repetir un par de veces las preguntas substanciales o significativas para comprobar la hipótesis, naturalmente con diferentes palabras.
f) También es necesario que las preguntas estén adaptadas al nivel de desarrollo psicológico, académico o social de las personas a las cuales va dirigida la encuesta.
g) Agrupar las preguntas según la clase a que pertenecen.
h) Evitar que las indicaciones que entregue el encuestador no estén cargadas inconscientemente de juicios personales.

8.5.17. LA ENTREVISTA

La Entrevista, es el encuentro de dos o más personas cuya finalidad es tratar asuntos inherentes a las variables de estudio. Es la herramienta básica en el muestreo por expertos que complementa los datos recogidos y analizados mediante cualesquier técnica probabilística de muestreo.

8.5.17.1. La entrevista puede ser:

a) **Estructurada,** cuando las preguntas han sido previamente planificadas, se plantean en un mismo orden y se formulan con los mismos términos a todos los entrevistados con el fin de alcanzar fidelidad en la información obtenida.
b) **No estructuradas**, en la que es respetada la iniciativa de la persona interrogada, en vista que las preguntas son abiertas, lo cual permite a los sujetos, expresar sus criterios con libertad.

8.5.17.2. Recomendaciones generales para la entrevista.

1) En ambos casos se recomienda diseñar una guía de preguntas
2) Convenir con los entrevistados el mejor momento de realizar.
3) Generar durante la entrevista un ambiente de confianza.

UNIDAD No. 11

CAPITULO IX CALCULO Y SELECCIÓN DE LA MUESTRA. PROCESAR DATOS ESTADISTICOS.

9.1. Definición

COLECTIVO, UNIVERSO Y POBLACION

Se denomina población, universo o colectivo al conjunto infinito o finito de objetos, ideas o acontecimientos, pero muy grande de datos que corresponden a una misma característica o combinación de características.

TAMAÑO DE LA POBLACION

Pueden ser:

1. **Población Infinita.-**
    Cuando sus datos no pueden ser contados.
2. **Población Finita.-**
    Cuando sus datos u observaciones sí pueden ser contados.

CARÁCTER

Carácter viene a constituir las propiedades, rasgos o cualidades que poseen los elementos de una Población o Colectivo.

Los caracteres pueden ser cuantitativos o VARIABLES y cualitativos o ATRIBUTOS.

VARIABLE

Es una característica o combinación de varias características de una población, es susceptible de tomar datos numéricos, es decir, está sujeto a variación.

MUESTRA:

Es la parte seleccionada de una población, en la que los elementos que la componen no tienen ninguna característica esencial que los distinga de los restantes. Se utiliza cuando es necesario disponer de una parte representativa de la población.

Una muestra puede elegirse inspirándose al azar, muestreo aleatorio o no aleatorio, realizando una selección de acuerdo con ciertas reglas fijadas con anterioridad.

9.2. CRITERIOS PARA DETERMINAR EL TAMAÑO DE LA MUESTRA.

- ➢ La muestra debe ser representativa de la población
- ➢ El tamaño debe ser adecuado para el tipo de investigación
- ➢ El tamaño de la muestra depende en gran medida de los objetivos de la investigación.
- ➢ Para estimar el tamaño de la muestra es necesario partir de una proporción esperada.

LA MUESTRA ES REPRESENTATIVA CUANDO:

- ➢ El tamaño es adecuado.
- ➢ El método de selección correcto para el tipo de la investigación.
- ➢ Todas las sub - poblaciones deben estar representadas.
- ➢ Es una "estimación" de los valores reales.

DETERMINACION DEL TAMAÑO Y NUMERO DE ENCUESTAS

Se trata de analizar tabulaciones cruzadas de las variables, se deben considerar dos aspectos:

Primero: Las frecuencias de cada variable independiente, **(CAUSAS)** dentro de cada tabulación cruzada, deberán ser superiores o iguales a 50, ya que los porcentajes calculados con menos de 50 casos, generalmente resultan poco confiables.

El tamaño de muestra mínimo requerido, para observar al menos 50 casos en cada categoría de la variable independiente, se obtiene dividiendo 50 entre la proporción (Ps) del total de casos esperados dentro de la categoría más pequeña de la variable:

Es decir:

$$m = \frac{50}{Ps}$$

Segundo: El criterio a considerar es que el número esperado de observaciones en cada una de las casillas del cuadro llegue a un mínimo de cinco. El tamaño de la muestra se calcula dividiendo cinco entre el producto de las frecuencias relativas más bajas de las dos variables:

Tabulación cruzada de prácticas anticonceptivas y nivel de Escolaridad alcanzado

Practica anticonceptiva	Universidad (5%)	Escuela secundaria (15%)	Escuela primaria (40%)	Sin escolaridad (40%)
Actualmente usa (50%)				
Usó anteriormente (20%)				
Nunca uso (30%)				

El nivel de escolaridad constituye en este cuadro la variable independiente **(CAUSAS)**, la definición debe ser precisa, pero lo suficientemente descriptiva - explicativa.

Una variable independiente es la causa a predecir de la variable dependiente que se consideran los **(EFECTOS)** probabilísticos.

Por lo tanto, para obtener una muestra lo suficientemente grande para asegurar que al menos 50 casos caigan en la categoría más pequeña de la variable "nivel de escolaridad" (es decir, en la categoría "universidad" que representa solo el 5 % del total de casos) se divide 50 entre 5 %.

Es decir:

$$n = 50/0.05 = 1000 \text{ casos requeridos}$$

Para calcular el tamaño mínimo de la muestra con el objeto de tener al menos cinco casos en cada casilla, se divide cinco entre el producto de frecuencias relativas más bajas de cada variable (o sea 0.05 para la categoría "universidad" y 0.20 para la categoría "usó alguna vez anticonceptivos".

Como se expresa:

$$n = \frac{5}{(0.05)\ (0.02)} = 500 \text{ casos requeridos.}$$

Como el tamaño necesario de la muestra debe fijarse teniendo en cuenta los dos criterios (50 para cada categoría de la variable y cinco para cada caso), se escogerá el tamaño superior, o sea n = 1000 casos requeridos en lugar de n = 500 de casos requeridos.

El tamaño y un determinado nivel de confianza, se calcula para las poblaciones superiores a 10.000 casos requeridos.

La fórmula será:

$$n = \frac{z^2\ pq}{d^2}$$

Donde:

1) n = Representa el deseado de la muestra (cuando el tamaño de la población es. Superior a 10.000 casos

2) z = Representa la en relación a una distribución normal estándar Generalmente es fijada en 1.96 (o simplemente en 2.0) que Corresponde a un nivel de confianza del 95 %.

3) p = Representa la proporción de la población objeto de estudio, que se estima tiene una determinada característica Si no se dispone de tal estimación se debe usar 50 % (0.50)

4) q = 1.0 − p = 0.50

5) d = Representa el grado de precisión deseada, en general 0.05 a veces 0.02

Por ejemplo, si se estima que la proporción de la población que tiene una característica determinada es de (0.50), el valor de (z) igual a (1.96) y el grado de precisión deseado es de (0.05), el tamaño de la muestra será:

$$n = \frac{(1.96)^2 \, (0.50) \, (0.50)}{(0.05)^2}$$

n = 384 de casos requeridos

Interpretación.- Con esta fórmula hemos obtenido 384 casos deseados, determinándose el tamaño de la muestra. Es de 384 casos deseados, para que la muestra tenga validez y confiabilidad.

El supuesto de utilizar 2, en vez de utilizar 1.96 para el valor de (z) determinamos el tamaño de la muestra será:

$$n = \frac{(2.0)^2 \, (0.50) \, (0.50)}{(0.05)^2}$$

n = 400 casos requeridos.

Interpretación.- Con esta fórmula hemos obtenido 400 casos deseados.

Nótese que el numerador es 1.0 lo que quiere decir, si la proporción se estima en 0.50 y el nivel de confianza es del 95 %, se puede obtener el tamaño de la muestra con la siguiente fórmula:

$$n = \frac{1.0}{d^2}$$

Si el tamaño de la población estudiada (n) es inferior a 10.000 casos, el tamaño requerido de la muestra es menor y se calcula usando la siguiente fórmula:

$$nf = \frac{n}{1 + \frac{n}{(N)}}$$

De donde se obtiene:

1) nf = Tamaño deseado de la muestra (cuando el tamaño de la población es inferior a 10.000 casos.

2) n = tamaño deseado de la muestra (cuando el tamaño de la población es superior a 10.000 casos

3) N = tamaño estimado de la población.

Por ejemplo, si (n) calculó en 400 casos y si el tamaño de la población estudiada es igual a 1000 casos entonces tenemos (nf)

$$nf = \frac{400}{1 + \frac{(400)}{1000}}$$

$$nf = \frac{400}{1 + 0.40}$$

$$nf = \frac{400}{1.4}$$

nf = 285.71 = 286 casos requeridos

Interpretación.- Con esta fórmula hemos obtenido 286 casos deseados, para el proceso de investigación.

CONSTRUCCION DE UNA DISTRIBUCION DE FRECUENCIAS EN INTERVALOS DE CLASE Y OTROS ESTADIGRAFOS

En lo posible, los intervalos de clase deben ser de igual amplitud.

a) El número de clases en que se divida el intervalo de variación, debe reflejar lo más fielmente la naturaleza de la distribución de la variable.
b) La forma de expresar los límites no debe prestar a confusión la lectura de la tabla.

Antes de construir una distribución de frecuencias, necesariamente se debe tomar en cuenta las definiciones siguientes:

AGRUPAMIENTO DE DATOS

Es la reunión en grupos de observaciones, cuyos datos son iguales o muy próximos.

CLASE

Es el conjunto de observaciones cualitativas o cuantitativamente iguales o muy próximos es decir, la frecuencia absoluta correspondiente a cada clase, debe ser la suma de las frecuencias absolutas de todos los valores distintos que forman la clase.

LIMITES CLASE

Límite de clase es un conjunto de datos u observaciones, cuyos límites mínimo y máximo son incluidas en la clase, es decir, cada clase tiene un intervalo que viene definido por sus límites inferior y superior.

INTERVALO DE CLASE

Intervalo de clase, es la distancia entre límites de una clase, es decir, cada clase tiene un intervalo que viene definido por sus límites inferior y superior conocidos como límites de clase.

AMPLITUD DE INTERVALO

Es la diferencia entre el límite superior e inferior de una clase. Cuando sea necesario se debe utilizar límites reales o verdaderos, estos proporcionarán la amplitud del intervalo.

También se lo conoce con el nombre de Recorrido o Rango. Si los intervalos son de amplitud constante, su valor se puede obtener dividiendo el recorrido de la variable entre el número de clases con las que quiere presentarse la distribución de frecuencias.

MARCA DE CLASE

Marca de clase, es el valor que corresponde **al punto medio** de la clase

$\dfrac{Li + Ls}{2}$ suele simbolizarse genéricamente por una **x**.

Es decir, normalmente se toma y el valor central del intervalo que se calcula, sumando los dos límites del intervalo, dividido entre dos.

FRECUENCIA DE CLASE

Es el número o cantidad de observaciones incluidas en una clase.

FRECUENCIA ABSOLUTA

Es el número de veces que se repite una observación, se representa por (**ni**)

FRECUENCIA ABSOLUTA ACUMULADA

La frecuencia absoluta acumulada de un dato determinado, es igual a la frecuencia absoluta de esa observación, más la suma de las frecuencias absolutas de los datos anteriores. Se representa (**Ni**)

FRECUENCIA RELATIVA

Es el cociente de la frecuencia absoluta, dividido por el total de observaciones. Se la representa (**fi**)

FRECUENCIA RELATIVA ACUMULADA

La frecuencia relativa acumulada de un dato determinado, es igual a la suma de las frecuencias relativas de todos los datos menores o iguales a dicho valor. Se representa por (**Fi**).

DISTRIBUCION DE FRECUENCIAS

Distribución de frecuencias es una estadística basada en la reducción de datos, mediante la agrupación de los mismos con arreglo a un criterio de repetición.

En estas estadísticas se sigue el siguiente proceso con los datos obtenidos en la observación:

1) Ordenarlos adecuadamente.
2) Agrupación de los valores que se repiten con frecuencia.
3) Obtención de la tabla de frecuencias.

ERROR DE AGRUPAMIENTO

Es la pérdida de información que se produce al agrupar los valores de la variable y tomar como valor representativo la marca de clase, da lugar a unos valores distintos que se obtendrán, si no se realiza el agrupamiento.

La diferencia entre ambos valores se denomina "Error de Agrupamiento".

CONSTRUCCION DE HISTOGRAMAS Y POLIGONOS DE FRECUENCIAS CON DATOS OBTENIDOS EN EL TRABAJO DE INVESTIGACION.

A continuación se presentan los pesos en kilogramos de 30 estudiantes del sexo femenino de la Universidad de Berkeley de California, USA.

Estos son los datos:

52	55	75	67	60	65
63	55	56	71	57	80
58	56	77	58	70	58
60	55	66	69	59	62
57	70	60	64	60	65

Se requiere obtener:

a) La construcción de una distribución de frecuencias adecuada.
b) Hacer el histograma de frecuencias y el polígono de frecuencias
c) Hacer la gráfica del polígono de frecuencias acumuladas.

Primer paso.- Determinar la población en nuestro ejemplo: la población es = 30 estudiantes. Por tanto el Colectivo o Universo = 30

Segundo Paso.- Determinar el Recorrido o también conocido con el nombre de RANGO

Viene a ser la diferencia entre sus valores extremos, máximo y mínimo, del cuadro de distribución de frecuencias.

Es decir: 80 - 52 = 28

Tercero Paso.- Recurrir a la Regla de Stugges, para la determinación del número de Intervalos que contará nuestra distribución de frecuencias, es decir:

Fórmula de Stugges;

$$K = 1 + 3,33 \times Log (n).$$

Reemplazando tenemos:

K = 1 + 3,33 x Log (30)
K = 5,87 =   *redondeando tenemos 6 intervalos*
K = 6 Intervalos

Cuarto Paso.- Determinación de la Amplitud, es decir.

$$Amplitud = \frac{Recorrido\ o\ Rango}{No.\ de\ clases\ o\ intervalos} \quad \frac{28}{6} = 4,66$$

Redondeando tenemos: Amplitud = 5

CUADRO DE DISTRIBUCION DE FRECUENCIAS

No.	Intervalos. de clase	Conteo	Frecuencia Absoluta	Frecuencia Abs. Acumuld	Frecuencia Relativa	FREC. .Relativa Acumulada
1.-	52 - <57	||||| |	6	6	0.20	0.20
2.-	57 - <62	||||| |||||	10	16	0.33	0.53
3.-	62 - <67	||||| |	6	22	0.20	0.73
4.-	67 - <72	|||||	5	27	0.16	0.89
5.-	72 - <77	|	1	28	0.03	0.92
6.-	77 - <82	||	2	30	0.08	1.00
	Totales		30		1.00	

A) Observamos que la Frecuencia Absoluta, reproduce el total de las observaciones de la población.

B) Observamos que la Frecuencia Relativa, necesariamente debe sumar a 1.00 ó a 100 %. **Ojo, cuando estemos hablando de Frecuencia Relativa, estamos hablando de porcentajes**, esto no habrá que olvidar nunca. Será para el intervalo de 52 a 57 corresponde el 20 % en peso en kilogramos del Colectivo de los 30 estudiantes.

INTERPRETACION

1.- Observamos que existen 10 alumnos del sexo femenino de la Universidad de Berkeley de California, cuentan con pesos entre los 57 a 62 kilogramos, es decir, se encuentran en el segundo intervalo el número mayor con relación a los demás alumnos.

2.- Hablando de Frecuencia Relativa observamos, en el intervalo de 57 - 62 kilogramos de pesos, corresponde el 33 % del Universo de la población observada.

DETERMINACION DEL POLIGONO DE FRECUENCIA

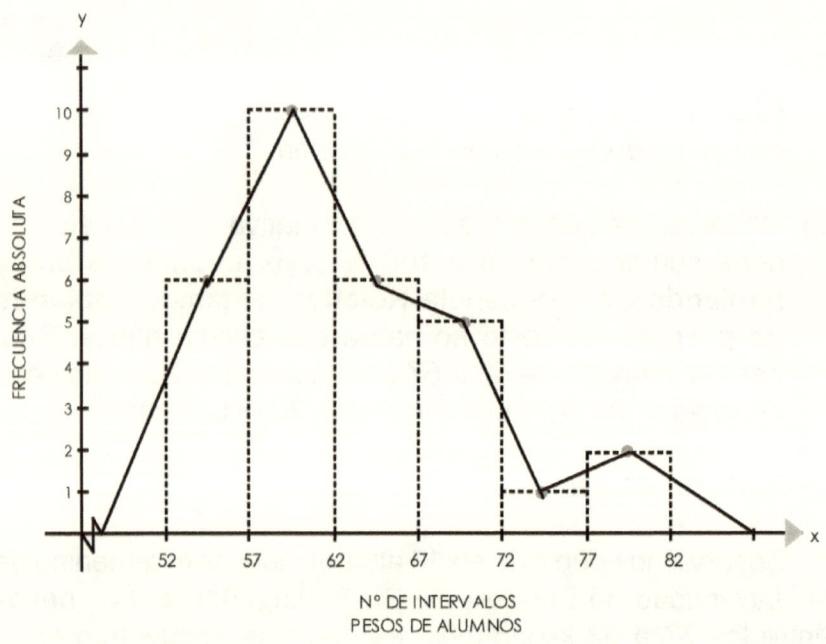

N° DE INTERVALOS
PESOS DE ALUMNOS

DETERMINACION DEL POLIGONO DE FRECUENCIA ABSOLUTA ACUMULADA

CURVA DE LA OJIVA

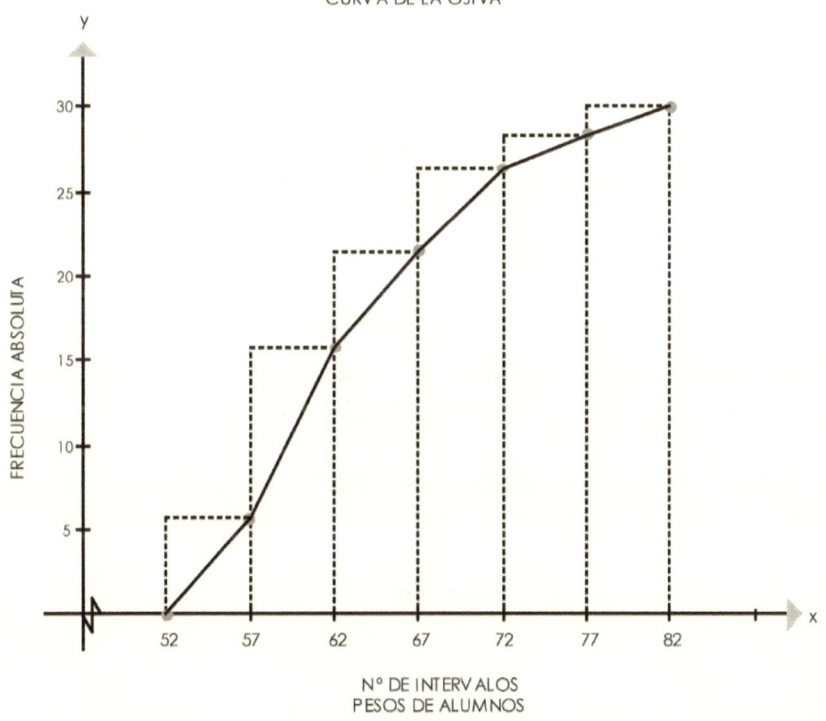

N° DE INTERVALOS
PESOS DE ALUMNOS

CONSTRUCCION GRAFICO DE BARRAS

Los gráficos de barras también llamado pastel o circulares son de fundamental importancia cuando la variable es cualitativa.

Estudiando el estado civil de un grupo de personas adultas, se establecen siguientes categorías:

Estado Civil	frecuencia absoluta	frecuencia relativa
Casados	25	50%
Solteros	13	26%
Divorciados	2	4 %
Viudos	4	8 %
No Declaran	6	12%
TOTALES	50	100%

GRAFICOS DE BARRAS CON FRECUENCIAS ABSOLUTAS SOLAMENTE

Para construir la gráfica de las frecuencias absolutas: Recurrimos a un eje de coordenadas donde:

1.- En el eje de las abcisas, se colocarán las categorías, es decir, casados, solteros, divorciados, viudos, no declaran.

2.- En el eje de las ordenadas, colocamos las frecuencias absolutas.

A la fecha hemos aprendido a colocar los números en el eje vertical u ordenadas en forma arbitraria. Ahora veremos técnicamente su construcción y en papel milimetrado.

Para el eje de las abcisas o Escala Horizontal

1 distancia = 2 cm.

La distancia será la separación que hay en el eje horizontal entre cada una de las categorías, casados, solteros, divorciados, viudos y la categoría de los que no declaran.

En Estadística no hay ninguna regla en particular que señale la magnitud de la distancia.

Como hay 5 categorías, el tamaño de la base será:

Base = 5 * 2 cm. = 10 cm.

El resultado obtenido de 10 cm. es la distancia que debe existir entre categorías, para el trabajo en papel milimetrado.

Para el eje de las ordenadas o Escala Vertical.

Como la altura debe ser ¾ de la base. Tendremos:

$$\text{Altura} = \frac{3 * (\text{base})}{4} = \frac{3 * (10 \text{ cm.})}{4} = \frac{30}{4} = 7.5 \text{ cm.}$$

El resultado de 7.5 cm. es la altura máxima, del eje de las ordenadas, luego hacemos el siguiente razonamiento:

Altura máxima 7.5 cm. ----------- 25 unidades de frecuencia
1.0 cm. ----------- x

$$x = \frac{1 \text{ cm.} * 25 \text{ u. d. f.}}{7.5 \text{ cm.}} = 3.33 \text{ u. d. f.} = 5 \text{ u. d. f.}$$

El resultado de 5 u. d. f. es la distancia que debe existir en el eje de las ordenadas, entren una categoría y otra, o Escala Vertical, es de: 1 distancia = 5 unidades de frecuencia.

Indudablemente hemos redondeado para trabajar más cómodamente, con 6 u. d. f., además este número ofrece facilidades para trabajar en el papel milimetrado.

Así para el valor de 25 u. d. f. trazamos una línea horizontal hasta cortar la barra levantada por la categoría, quedando de este modo determinada la altura de la barra.

La barra levantada por la categoría solteros llega hasta la altura de 13 u. d. f. procedemos de manera similar para las barras de las otras tres categorías restantes.

<u>GRAFICOS DE BARRAS CON FRECUENCIAS PORCENTUALES</u>

Primero elegimos la escala horizontal o el de las abscisas, esta selección es arbitraria para variar con respecto al gráfico anterior, haremos lo siguiente:

Escala horizontal o eje de las abscisas

$$1 \text{ distancia} = 1.5 \text{ cm.}$$

Como en el cuadro hay 5 categorías la base tendrá 5 distancias, luego su magnitud será:

$$\text{Base} = 5 * 1.5 \text{ cm.} = 7.5 \text{ cm.}$$

Para la Escala vertical o eje de las ordenadas la altura será igual a los ¾ de la base, luego tenemos:

$$\text{Altura} = \frac{3}{4} * (7.5 \text{ cm.}) = 5.62 \text{ cm.}$$

Luego hacemos el siguiente razonamiento:

Altura máxima 5.62 cm. ------------- 50% (frecuencia máxima)
1 cm. ------------- x %

donde:

$$x = \frac{50\% * 1 \text{ cm.}}{5.62 \text{ cm.}} = \frac{50}{5.62 \text{ cm.}} \% = 8.9 = 10\%$$

Redondeamos a 10%, para dibujar en el papel milimetrado.

Escala vertical = 1 cm. = 10%

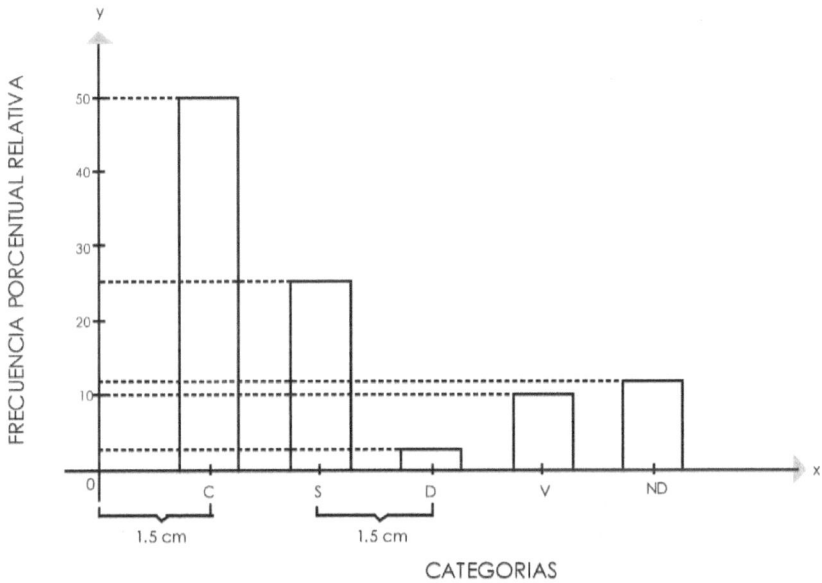

CATEGORIAS

GRAFICOS CIRCULARES

Por medio de sectores circulares también se representan las categorías de las variables cualitativas.

Para realizar el dibujo necesitamos la ayuda de un transportador con el que mediremos los grados:

Ejemplo: Vamos a suponer que en el primer curso de la Universidad de Berkeley, aprobaron 40 alumnos, no aprobaron 8 alumnos y no se presentaron 6 alumnos:

Categorías	ni	Sector Circular
Aprobados	40	267 grados
No aprobaron	8	53 grados
No se presentaron	6	40 grados
	54	360 grados

En primer lugar debemos obtener los resultados de los sectores circulares del Colectivo, a través de:

La siguiente fórmula:

Denominamos t = total
$\qquad$ p = una parte del total de la circunferencia.

Utilizando la regla de 3 simple tenemos:

$\quad$ Si $\quad$ t ----------------------- Es 360 grados
$\qquad$ p ---------------------- Es x

Despejamos:

$$x = \frac{p * 360 \text{ grados}}{t} = \frac{360 \text{ grados} * p}{t}$$

Tomando en cuenta esta fórmula obtendremos los resultados para determinar el sector circular de nuestro ejercicio.

Entonces será:

Para el sector circular de aprobados:

Tendremos: (total) $\quad$ 54 ----------------------- 360° grados (circunferencia
(parte total) $\qquad$ 40 -------------------- x

Despejando $\quad$ x $= \dfrac{40 * 360°}{54} =$ $\quad$ 266.67° $\ = \ $ 267°

Para el sector circular de No Aprobados:

Tendremos: (total)   54 --------------------- 360° grados (circunferencia
(parte total)   8 -------------------- x

Despejando   x $= \dfrac{8 * 360°}{54} =$ 53.55° = 53°

Para el sector circular de No se presentaron:

Tendremos: (total)   54 --------------------- 360° grados (circunferencia)
(parte total)   6 -------------------- x

Despejando   x $= \dfrac{6 * 360°}{54} =$ 40° = 40°

Ahora con la ayuda de un transportador y con el resultado del primer sector circular, correspondiente a los Aprobados que es de 267°, construiremos el primer sector del pastel.

Luego a partir del límite de este último sector, construiremos el segundo sector circular, correspondiente a los No aprobados que es de 53°

Seguidamente, a partir del límite de este sector circular, construiremos el tercer sector circular, correspondiente a los alumnos que No se presentaron, cuyo resultado es de 40°

Como resultado de lo anterior tendremos el dibujo que lo preparamos a continuación:

Al igual que hicimos los gráficos de barras, podemos construir un gráfico circular para las frecuencias porcentuales.

Tomemos el mismo ejemplo para el Universo de los 54 alumnos examinados del primer curso de la Universidad de Berkeley USA. Indudablemente previa conversión de las frecuencias absolutas en frecuencias porcentuales.

Para convertir en frecuencias porcentuales, no es más que aplicar el concepto de frecuencia relativa: Es el cociente de las frecuencias absolutas, dividido entre el total de observaciones.

Categorías	Frecuencia porcentual	Circular Circular
Aprobados	74.07 %	267º
No aprobados	14.81 %	53º
No se presentaron	11.11 %	40º
	100.00 %	360º

Calculemos los sectores circulares a partir de las frecuencias porcentuales.

En general conocemos que el porcentaje total es 100 % y denominaremos p % como una parte de la circunferencia y obtendremos la siguiente fórmula.

La fórmula será

$$X = \frac{p\,\% \; * \; 360º}{100\,\%}$$

Entonces para el sector circular de Aprobados:

Tenemos: (total)   100 % --------------------- 360º grados (circunferencia)
(parte total)   74.07 % --------------------- x

Despejando $x = \dfrac{74.07 * 360º}{100\%} =$ 267 º

Para el sector circular de No Aprobados:

Tendremos: (total)   100 %-------------------- 360º grados (circunferencia)
(parte total)   14.81 % -------------------- x

Despejando $x = \dfrac{14.81 * 360\,°}{100\%} = \qquad 53\,°$

Para el sector circular de los No presentados:

Tendremos: (total) 100 %------------------- 360° grados (circunferencia)
(parte total) 11.11 % ------------------- x

Despejando $x = \dfrac{11.11 \% * 360\,°}{100 \%} = \qquad 40\,°$

Como resultado de lo anterior tendremos el dibujo que lo preparamos a continuación

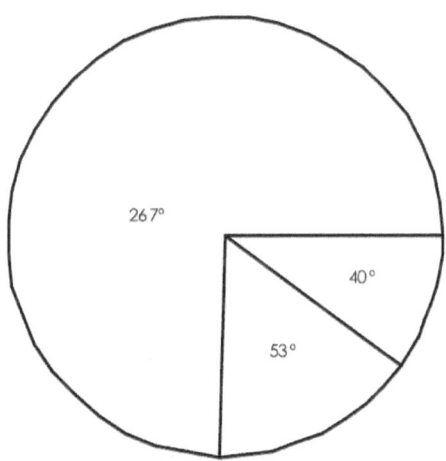

Ejercicios de Comprobación y de práctica.

Ejemplo 1).

Contamos con datos que a continuación se señalan. Indudablemente representan botellas de refrescos de Coca cola, vendidas en un sitio cerca a la Universidad de Berkeley California USA., durante un ciclo de verano de ocho semanas de duración y que han sido ordenadas de mayor a menor:

63	68	71	74	76	78	81	84	85	89
66	70	73	75	76	79	82	84	85	90
67	71	73	75	76	79	82	85	86	92
68	71	74	75	77	79	84	85	86	94

a) Agrupar los valores en siete intervalos de igual amplitud siendo el extremo inferior del primero 59,5%

b) Hacer la distribución de frecuencias absolutas y relativas

c) Hacer el histograma, polígono de frecuencias absolutas y relativas, y relativas acumuladas.

d) Interpretación de los resultados obtenidos.

Solución 1).

Intervalos de Clase	n_i	f_i
59,5-64,5	1	0,025
64,5-69,5	4	0,100
69,5-74,5	8	0,200
74,5-79,5	11	0,275
79,5-84,5	6	0,150
84,5-89,5	7	0,175
89,5-94,5	3	0,075
Totales	**40**	**1,000**

INTERPRETACION.- Recurrimos a nuestro cuadro de frecuencias y observamos que el número mayor en nuestra columna de la frecuencia absoluta tenemos 11. Observando que el 27.5 % de botellas de refrescos vendidas en un sitio de la indicada Universidad durante un ciclo de verano, se encuentra en el intervalo 74.5 - 79.5

CONSTRUCCION DEL HISTOGRAMA Y POLIGONO DE FRECUENCIAS

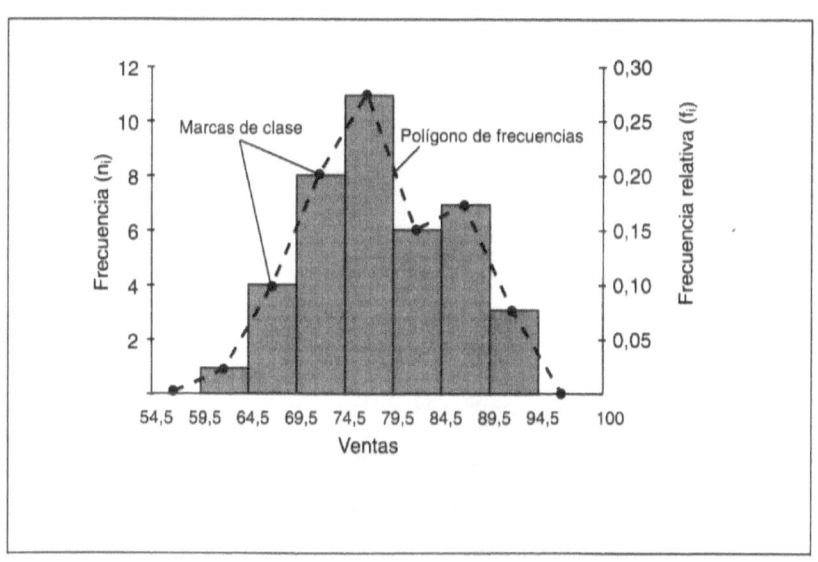

CONSTRUCCION CURVA DE LA OJIVA CON FRECUENCIAS ACUMULADAS

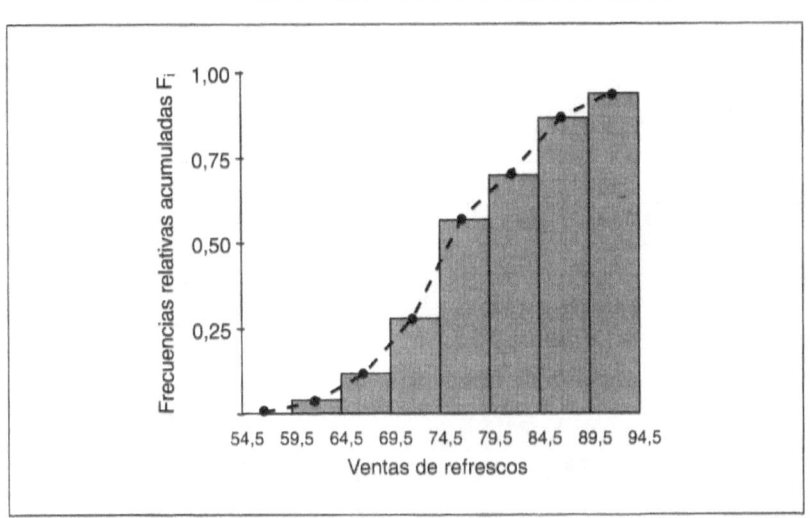

Ejemplo 2).

Construir una tabla de distribución de frecuencias absolutas y relativas (en tanto por uno y el tanto por ciento) de las notas obtenidas en la Universidad de Berkeley California USA. A un determinado grupo de alumnos, que se expresan a continuación:

3	4	4	5	5	6	6	6	7	6
8	9	3	4	4	5	9	6	6	7
4	4	5	5	6	6	7	7	7	7

Nos piden realizar las graficas siguientes:

a) Un Cuadro de distribución de frecuencias.
b) Un Histograma y polígono de frecuencias
c) Diagrama de barras
d) Diagrama de sectores.
e) Interpretación de los resultados.

Solución: 2).

Notas	n_i	f_i	%
3	2	0,0666	6,666
4	6	0,2000	20,000
5	5	0,1666	16,666
6	8	0,2666	26,666
7	6	0,2000	20,000
8	1	0,0333	3,333
9	2	0,0666	6,666

INTERPRETACION.- De los resultados del cuadro de distribución de frecuencias, observamos que el 25.66 % de la población estudiada 8 alumnos tienen la menor o igual a 6 de puntuación calificados.

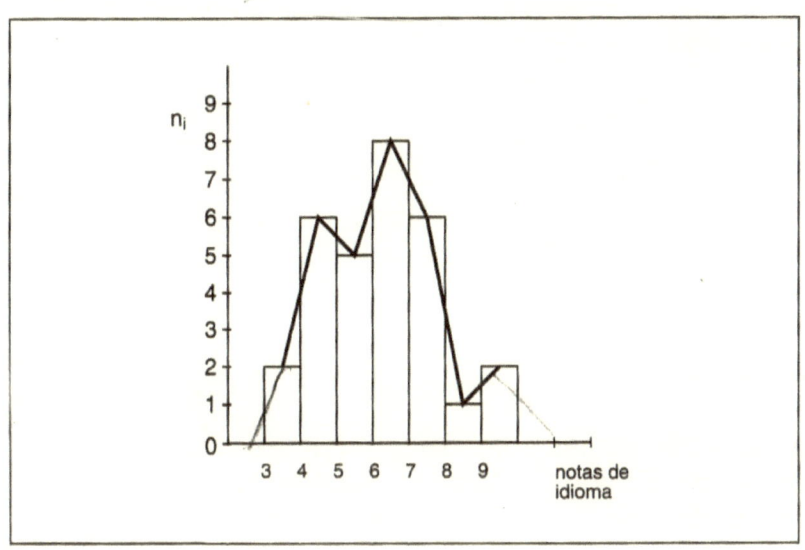

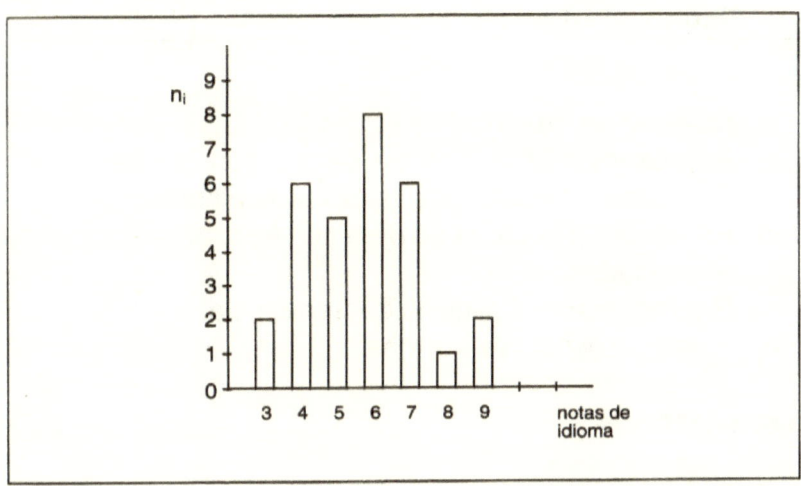

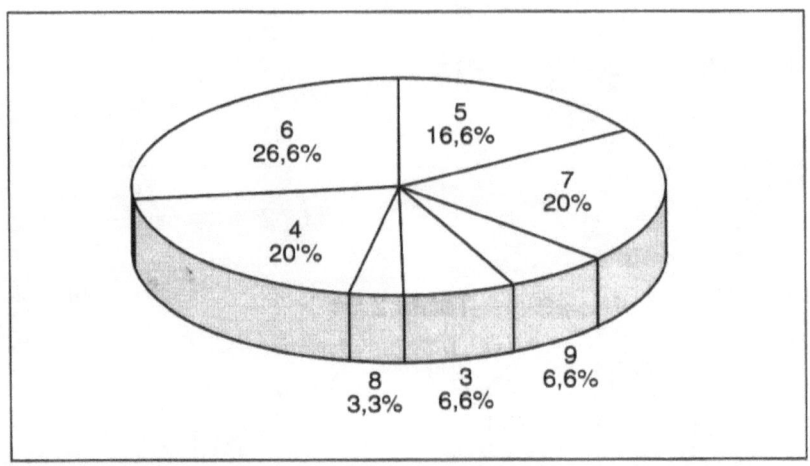

Ejemplo 3).

Se han obtenido las superficies en acres de grandes fincas agrarias del Estado de California USA., y han sido ordenadas y agrupadas según la información siguiente.

SUPERFICIE	40-50	50-60	60-70	70-80	80-90	90-100
N ° FINCAS	115	76	95	112	26	13

a) Realizar un cuadro de frecuencias.
b) Representar el gráfico de barras con las frecuencias absolutas y frecuencias relativas acumuladas.
c) Representar la curva de ojiva con frecuencias absolutas acumuladas.
d) Representar el Polígono de frecuencia.
e) Representar el Histograma.

Se requiere:

a) Determinar el significado del porcentaje de la frecuencia relativa acumulada, correspondiente a los valores de la variable comprendidos entre 70 y 80?

b) Determinar el significado del porcentaje de la frecuencia absoluta acumulada, correspondiente al mismo intervalo?

Solución 3).

$L_{i-1} - L_i$	x_i	n_i	N_i	f_i	F_i	% f_i	% F_i
40 - 50	45	115	115	0,263	0,263	26,3	26,3
50 - 60	55	76	191	0,174	0,437	17,4	43,7
60 - 70	65	95	286	0,217	0,654	21,7	65,4
70 - 80	75	112	398	0,256	0,911	25,6	91,1
80 - 90	85	26	424	0,059	0,97	5,9	97
90 - 100	95	13	437	0,03	1	3	100
TOTAL		437		1		100	

INTERPRETACION.- Solución al inciso a) del ejemplo 3

El porcentaje acumulado para los valores de la variable entre 70 y 80 se ha obtenido el 91.1 %, lo que significa que el 91.1 % de las fincas tiene menos de 80 Acres.

Solución al inciso b) del ejemplo 3

La frecuencia acumulada para el intervalo 70 - 80 es de 398, que es lo mismo decir, que hay 398 fincas menores de 80 Acres.

Solución a incisos: b), c),d) y e), del ejemplo 3

CONSTRUCCION DE GRAFICO DE BARRAS CON FRECUENCIAS ABSOLUTAS

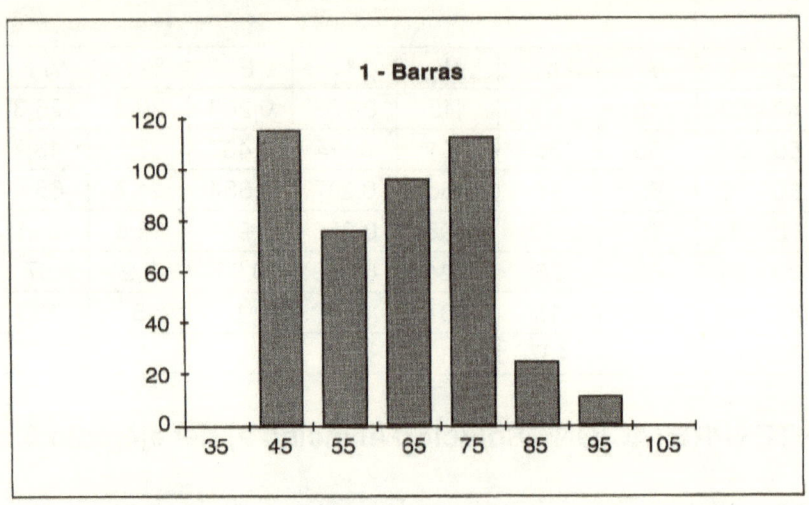

CONSTRUCCION DE CURVA DE LA OJIVA CON FRECUENCIAS ABSOLUTAS ACUMULADAS

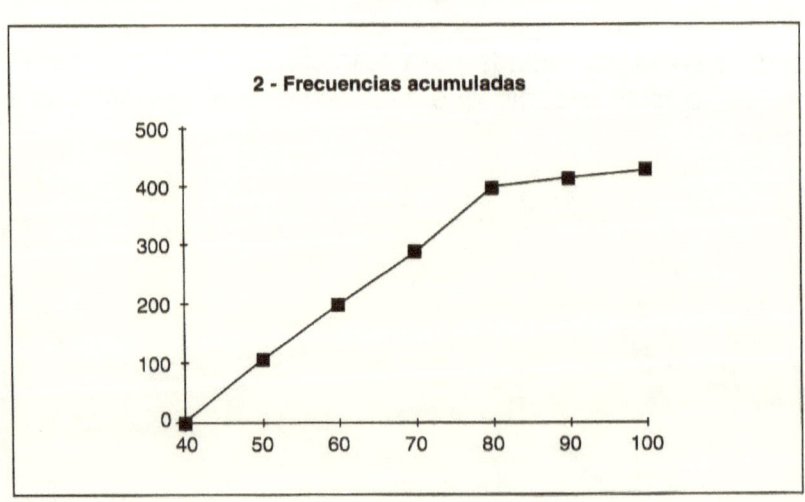

CONSTRUCCION DEL POLIGONO DE FRECUENCIAS

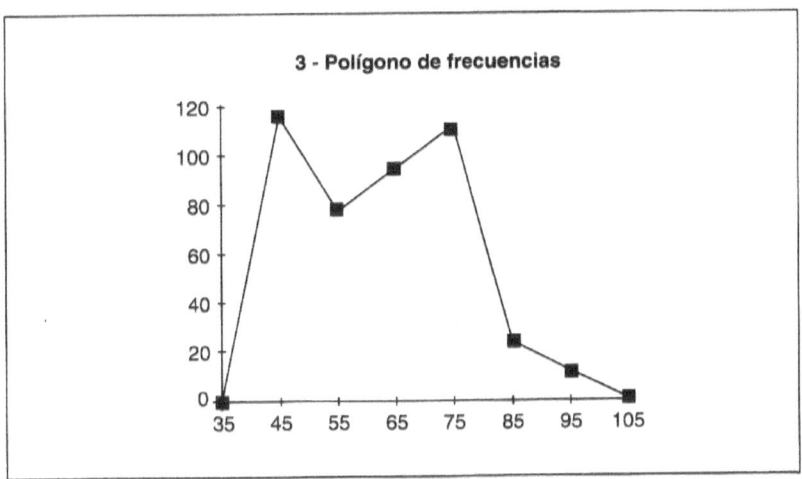

CONTRUCCION DEL HISTOGRAMA CON FRECUENCIAS ABSOLUTAS

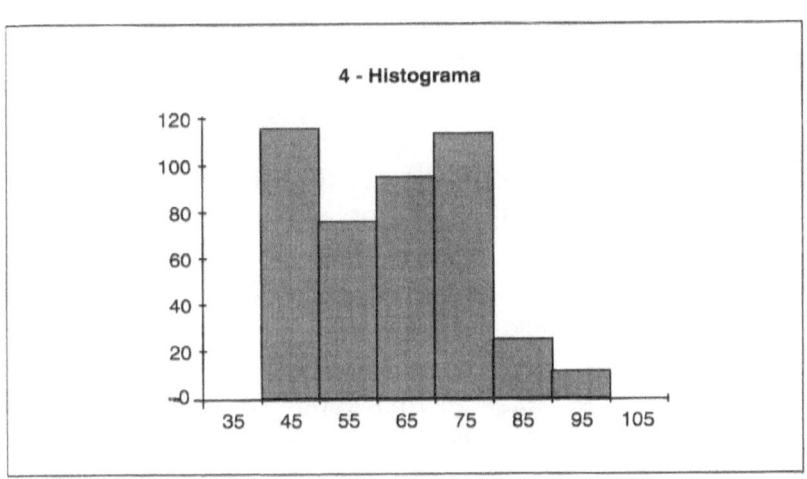

MEDIDAS DE POSICION O DE TENDENCIA CENTRAL

Indican el valor alrededor del cual se concentran los resultados de las observaciones de cada distribución. Para tener una idea de la tendencia central examinaremos en el siguiente cuadro.

Intervalos de clase	xi	ni
38 -----------<46	42	3
46 -----------<54	50	8
54 -----------<62	58	19
62 -----------<70	66	30
70 -----------<78	74	26
78 -----------<86	82	9
86 -----------<94	90	5

Observamos que las frecuencias más altas se hallan en el centro de la distribución de frecuencias, es decir, la mayor parte de las observaciones están en las clases centrales. Esta es la razón para denominar MEDIDAS DE TENDENCIA CENTRAL O DE POSICION.

En estadística tiene mucha importancia medir la tendencia central, se precisa disponer de procedimientos de medición más precisos para estudiar las características más notables de las distribuciones de frecuencias, así como tener conocimiento de los posibles sesgos que puedan introducirse al utilizar tales instrumentos de medición.

Las herramientas estadísticas más importantes para el estudio de las características de las distribuciones de frecuencias, tenemos:

a) La media aritmética
b) La Mediana
c) La Moda
d) La Media Geométrica
e) La Media Armónica

También se las denomina medidas de posición central, porque los resultados a obtenerse tienden a encontrarse en el centro de la distribución de frecuencias.

Cada medida de posición proporciona, en la mayoría de los casos, un único valor para cada distribución que puede representar, sustituyendo, a todos los valores de una variable observados en una distribución.

Los promedios más conocidos y usados son:

LA MEDIA ARITMETICA

Se define media aritmética o media de un conjunto de "n" números

x1, x2, ...xn, entre la suma de todos los valores de los números y el número de elementos del conjunto.

$$X = \frac{x1 + x2 +..........+ xn}{n} = \frac{xi}{n}$$

Desde el punto de vista estadístico, la media aritmética, es el valor de la variable que se obtiene al hallar el cociente entre la suma de todos los valores de la variable entre el número de observaciones.

Se la conoce también como la media aritmética simple o de datos no agrupados.

MEDIA ARITMETICA PARA DATOS NO AGRUPADOS O MEDIA ARITMETICA SIMPLE

Ejemplo 1).

Hallar la Media Aritmética de:

11, 14, 17, 20, 6 y 10

$$X = \frac{11 + 14 + 17 + 20 + 6 + 10}{6} = 13$$

$$X = 13$$

Ejemplo 2).

Hallar la media aritmética de los siguientes valores:

25, 15, 35, 20, 5

$$X = \frac{25 + 15 + 35 + 20 + 5}{5} = 20$$

$$X = 20$$

MEDIA ARITMETICA PONDERADA PARA DATOS AGRUPADOS

Ponderar significa determinar el peso de cada cosa. El peso de cada valor distinto de la variable o de cada marca de clase, viene definido por su frecuencia.

Por tanto la media aritmética ponderada para datos agrupados será:

$$X = \frac{n1 * x1 + n2 * x2 + \ldots\ldots + nk * xk}{n1 + n2 + \ldots\ldots + nk} = \frac{ni * xi}{ni} = \frac{ni * xi}{n}$$

k = será el número de valores distintos en las distribuciones de frecuencias.

En definitiva tenemos la fórmula:

$$X = \frac{xi * ni}{n}$$

Ejemplo 1).

Un complejo industrial compuesto por cuatro fábricas tiene 120, 65, 152, y 72 obreros con sueldos expresados en dólares, de 165, 145, 150, y 155, respectivamente.

Se requiere conocer el salario medio del complejo industrial.

El sueldo medio dado, es el valor representativo de todos los sueldos de cada fábrica y representará en la distribución la marca de clase.

$$X = \frac{165 * 120 + 145 * 65 + 150 * 152 + 155 * 72}{120 + 65 + 152 + 72}$$

X = 154,486 dólares.

Ejemplo 2)

Calcular la media aritmética de la siguiente distribución de frecuencias:

xi	ni	xi * ni
10	3	30
11	5	55
12	7	84
13	4	52
14	1	14
TOTALES	20	235

$$X = \frac{235}{20}$$

En definitiva: X = 11,75

Redondeando X = 12

Ejemplo 3).

Calcular la media aritmética de los siguientes datos agrupados.

No. de Accidentes   No.Empresas

xi	ni	xi * ni
0	5	0
1	10	10
2	12	24
3	8	24
4	3	12
5	2	10
TOTALES	40	80

$X = \dfrac{80}{40} = 2$ accidentes

CALCULO DE LA MEDIA ARITMETICA PARA DATOS AGRUPADOS EN INTERVALOS DE CLASE

$$X = \frac{xi * ni}{ni}$$

Donde:

xi = Marca de Clase
ni = Frecuencia absoluta de la clase i .... ésima
n = Número de clases.

Ejemplo 4).

CALCULO DEL PESO PROMEDIO DE 40 RECIEN NACIDOS EN EL HOSPITAL KAISER PERMANENTE.

Intervalos de clase		marca de clase	No. de recién nacidos	
Yi -1	Yi	xi	ni	xi * ni
2350 ---	<2650	2.500	5	12.5
2650 ---	<2950	2.800	6	16.8
2950 ---	<3250	3.100	7	21.7
3250 ---	<3550	3.400	12	40.8
3550 ---	<3850	3.700	3	11.1
3850 ---	<4150	4.000	3	12.0
4150 ---	<4450	4.300	2	8.6
4450 ---	<4750	4.600	2	9.2
TOTALES			40	132.7

$$X = \frac{132.7}{40} = 3.328 \text{ Kg.}$$

En definitiva tenemos:

X = 3.328 kilogramos

Interpretación.- Una vez tabulada las observaciones de los 40 recién nacidos del Hospital Kaiser Permanente, se establece la Media Aritmética ubicada en el intervalo cuyo límite inferior es de 3.250 y un límite superior de 3.550 kilogramos, el resultado de la media aritmética es de 3.328 kilogramos, es decir, de los 40 recién nacidos en tiempo y espacio, determinamos que nacieron 12 con 3 kilos y 328 gramos al aplicar la medida de tendencia central, la Media Aritmética.

LA MEDIANA

La Mediana es aquel valor que está en el centro de un grupo de observaciones ordenadas de acuerdo a su magnitud, y si es IMPAR, la Mediana será el valor que ocupa la posición central, como en nuestro ejemplo.

$$2, 3, 4, 6, 8, 9, 14$$

La Mediana de acuerdo al concepto anterior sería = 6
Porque tenemos 3 números inferiores y 3 números superiores
Si en la serie de valores ordenados es **PAR**, será la Mediana de los dos valores centrales.
Es decir:

$$2, 3, 4, 6, 8, 9, 14, 15$$

$$\text{Mediana} = \frac{6+8}{2} = \frac{14}{2} = 7$$

Mediana = **7**

Ejemplo 1).

Las ventas efectuadas en el último ejercicio por los proveedores de una empresa han sido, (en miles de dólares) las siguientes cantidades:

$$45, 54, 62, 39, 73, 48, 53, 70, 49, 56,$$

Se requiere:

a) Hallar la Mediana e interpretar los resultados obtenidos.

Primero habrá que seleccionar los números de las observaciones en forma ascendente:

$$39, 45, 48, 49, \mathbf{53, 54}, 56, 62, 70, 73.$$

Si el número de las observaciones realizadas es **PAR** se toma por principio conceptual, el valor de la Mediana, la media aritmética de sus valores centrales. Es decir,

$$\text{Mediana} = \frac{53 + 54}{2} = \textbf{53,5 dólares}$$

Interpretación.- La mitad de los proveedores venden más de 53,5 millones de dólares y la otra mitad venden menos de la indicada cantidad.

CALCULO DE LA MEDIANA PARA DATOS AGRUPADOS EN INTERVALOS DE CLASE

La fórmula para la Mediana para datos agrupados tenemos:

$$\text{Mediana} = \text{LiMed} + \frac{(\frac{n}{2}) - (\text{Nmed.})}{\text{ni Med}} * \text{ai Med.}$$

Donde:

Li Med. = Límite inferior real de la clase Mediana.

N Med. = Frecuencia Acumulada de la clase anterior a la Mediana

ni Med = Frecuencia absoluta de la clase Mediana

ai Med. = Amplitud de la clase Mediana.

CALCULAR LA MEDIANA DEL PESO PROMEDIO DE 40 RECIEN NACIDOS EN EL HOSPITAL DE KAISER PERMANENTE

Pesos en Kilogramos			No. De recién nacidos	Frecuencia Acumulada
Y´i - 1	- y´ 1		ni	Ni.
2.350	-	<2.650	5	5
2.650	-	<2.950	6	11
2.950	-	<3.250	7	18
3.250	-	<3.550	12	30
3.550	-	<3.850	3	33
3.850	-	<4.150	3	36
4.150	-	<4.450	2	38
4.450	-	<4.750	2	40
TOTALES			40	132.7

Para resolver este problema se realizará los pasos siguientes:

Primer Paso.- Una vez planteado el problema, determinar la frecuencia acumulada, tomando siempre como base la frecuencia absoluta.

Segundo Paso.- Determinar la ubicación de la clase mediana utilizando la frecuencia absoluta:

Es decir:

$$\frac{n}{2} = \frac{40}{2} = 20$$

Tercer Paso.- Con el valor de 20 en la columna de la Frecuencia Absoluta Acumulada, se determina la ubicación donde se halla la clase mediana.

En nuestro ejemplo se halla en la clase cuarta, ó (cuarto intervalo de clase), es decir, entre las clases tercera y cuarta, con los valores 18 y 30, respectivamente, para procesar el resultado se toma el inmediato superior, es decir, la clase cuarta con un valor de 30 y se identifica ya el límite inferior, que es de 3.250 kilogramos.

Cuarto Paso.- Reemplazamos en nuestra fórmula:

$$Mediana = Li.Med + \frac{\left(\frac{n}{2}\right) - (N\,Med)}{ni\,Med} * ai\,Med$$

Tenemos los Datos:

LiMed.	=	3.250 kilogramos
nx	=	20
N Med	=	18
ni Med.	=	12
ai.Med.	=	300 kilogramos

Reemplazando nuestra fórmula:

$$Mediana = 3.250 + \frac{20 - 18}{12} * 300$$

Mediana = 3.300 kilogramos

Interpretación.- Tabulado los datos de la clase Mediana, obtenemos el resultado de 3.300 kilogramos del Colectivo de 40 recién nacidos de niños en el Hospital Kaiser Permanente de California.

LA MODA

El Modo de un conjunto de datos, es el valor más repetido. Dicho de otra manera la Moda de una serie de valores, es aquel de ellos que se presenta con mayor frecuencia.

Ejemplo: 1).

3, 5, 5, 4, 7, 5, 3, 2, 10, 4

En nuestro ejemplo el valor más repetido es 5, por tanto, el Modo es 5.

Además podemos denominarla **UNIMODAL**, porque solo posee una Moda.

Con el siguiente conjunto de datos, se requiere determinar la Moda.

Ejemplo: 2).

15, 19, 20, 3, 47, 59, 65.

Este conjunto de datos no tiene Modo porque ninguno de ellos está repetido.

Ejemplo: 3).

Contamos con la siguiente distribución de datos y se requiere determinar la Moda.

8, 9, 9, 13, 13, 13, 18, 20, 24, 24, 24, 33, 59, 78, 78.

En este ejemplo la Moda es 13 y 24, porque son los valores más repetidos. Se la conoce también con el nombre de **BIMODAL**.

Ejemplo: 4).

Contamos con la siguiente distribución de datos y se requiere determinar la Moda.

4, 8, 8, 8, 8, 15, 15, 15, 20, 20, 21, 21, 21, 21, 32, 40, 40, 40, 40, 80, 80, 90.

Tenemos:

La Moda = 8, Moda = 21, Moda = 40, Moda, es decir, tiene tres Modas, porque son los valores más repetidos del conjunto de datos, se la conoce con el nombre de **TRIMODAL**.

CALCULO DE LA MODA PARA DATOS AGRUPADOS EN INTERVALOS DE CLASE

Cuando los datos están agrupados en intervalos de clase, formando una distribución de frecuencias, la Moda se calcula con la siguiente fórmula.

$$Moda = LiMod + \frac{1}{1 + 2} * ai\ Mod.$$

Donde:

Li Mod. = Límite inferior real de la clase modal.

1 = Diferencia en valor absoluto entre las frecuencias de las clases
MODAL Y PREMODAL

2 = Diferencia en valor absoluto entre las frecuencias de las clases
MODAL Y POST MODAL

ai. Mod. = Amplitud de la clase Modal.

Ejemplo: 5).

Calcular la Moda del peso de los 40 recién nacidos en el Hospital de Kaiser Permanente, en California de los Estados Unidos de Norte América.

Pesos en kilogramos			No. Recién Nacidos
$Y'i - 1$	-	$y' - 1$	ni
2.350	-	<2.650	5
2.650	-	<2.950	6
2.950	-	<3.250	7
3.250	-	<3.550	12
3.550	-	<3.850	3
3.850	-	<4.150	3
4.150	-	<4.450	2
4.450	-	<4.750	2
TOTALES			40 .

Primer Paso.- Buscamos en nuestro ejemplo cual es el intervalo de clase que tiene la mayor frecuencia absoluta. En el mismo encontramos.

* La frecuencia absoluta mayor es   =   12

* Corresponde a la clase Modal 3.250 Kgm.   =   3.550 Kgm. Que en definitiva se llama Clase Modal.

Segundo Paso.- Determinar el numerador y denominador de nuestra fórmula.

Obtendremos:

        1   =   12 - 7   =   5
        2   =   12 - 3   =   9

        ai Mod. = 300 kilogramos.

Tercer Paso.- Una vez determinado y encontrado valores a nuestra fórmula, sustituir la misma.

$$\text{Moda} = \text{Li Mod.} + \frac{1}{1 + 2} * \text{ai. Mod}$$

$$\text{Moda} = 3.250 + \frac{5}{5 + 9} * 300$$

Moda = 3.355,65 = Moda = 3.357 kilogramos

Interpretación .- Observamos que la Moda en la muestra de los 40 niños recién nacidos en el Hospital Kaiser Permanente, es de 3.357 kilogramos.

MEDIDAS DE ORDEN

Las medidas de orden o fractiles se dividen en:

a) Cuartiles o cuantiles
b) Deciles
c) Percentiles

CUARTILES o CUANTILES

Son valores que dividen a la serie ordenada en 4 partes iguales. Es así en nuestro ejemplo tenemos: 3 cuartiles: Primer cuartíl, Segundo Cuartil y Tercer Cuartil. Es decir: Qn = Cuartil:

....

	25	50	75
Q1	Q2	Q3	Q4

DETERMINACION DE CUARTILES PARA DATOS ORIGINALES NO AGRUPADOS

Tenemos:

Cuartíl Uno $\quad$ Q1 $\quad = \quad \dfrac{n + 1}{4}$

Cuartil Dos $\quad$ Q2 $\quad = \quad \dfrac{2(n + 1)}{4}$

Cuartil tres $\quad$ Q3 $\quad = \quad \dfrac{3(n + 1)}{4}$

Vamos a suponer una serie de números o datos observados

Ejemplo 1).

$$4, 7, 9, 12, 15, 18, 20, 21, 23, 27, 30,$$

Tenemos: **n = 11 observaciones:**

Pregunta: Se requiere determinar el primer cuartíl en el ejemplo (1) dado:

$$Q1 = \frac{11 + 1}{4} = \frac{12}{4} = 3 \quad ó \quad 3er. \; Lugar$$

Como resultado tenemos:

El valor del Cuartil 1 se encuentra en el tercer lugar de la serie de datos proporcionados, con el número = 9, es decir,

$$Q1 = 9$$

Pregunta: Se requiere determinar el segundo cuartil:

$$Q2 = \frac{2 * (11 + 1)}{4} = \frac{2 * (12)}{4} = \frac{24}{4} = 6 \text{ ó sexto lugar}$$

Como resultado tenemos:

Valor del segundo cuartil, se encuentra el sexto lugar con el número = 18, es decir,

$$Q2 = 18$$

Pregunta: Se requiere determinar el tercer cuartil

$$Q3 = \frac{3 * (11 + 1)}{4} = \frac{3 * (12)}{4} = \frac{36}{4} = 9 \text{ ó noveno lugar}$$

Como resultado tenemos:

Valor del el tercer cuartil, se encuentra en el noveno lugar de la serie de números observados, con el número = 23

DETERMINACION DE LOS CUARTILES PARA DATOS AGRUPADOS

Tenemos la fórmula:

$$Qx = Li + \frac{\frac{n * x}{4} - N \text{ (anterior)}}{ni} * ai$$

Donde:

Li Qx	=	Límite inferior real de la clase cuartil,
ni	=	Sumatoria de las frecuencias absolutas
Ni (Ant.)	=	Frecuencia absoluta acumulada anterior de la clase cuartil
Qx	=	1,2,3,4,5,6.....................................
ai.	=	Amplitud límite superior menos límite inferior del intervalo de clase.

Vamos a trabajar con el ejemplo de los 40 recién nacidos en el Hospital de Kaiser Permanente en California de los Estados Unidos de América.

Intervalos de Clase

Kilogramos			ni.	Ni
2.350	-	<2.650	5	5
2.650	-	<2.950	6	11
2.950	-	<3.250	7	18
3.250	-	<3.550	12	30
3.550	-	<3.850	3	33
3.850	-	<4.150	3	36
4.150	-	<4.450	2	38
4.450	-	<4.750	2	40

$$n = \quad 40$$

Nos solicitan resolver el tercer cuartil de nuestro ejemplo = Q3

Primer paso.- en primer lugar determinar $\dfrac{x * n}{4}$ en la frecuencia absoluta acumulada.

El lugar donde se encuentra la clase cuartíl.

$$\frac{x * n}{4} = \frac{(3) * (40)}{4} = 30$$

Buscamos el valor obtenido de 30 en la columna de la frecuencia absoluta acumulada, luego encerrar toda la clase cuartil, datos con el que continuaremos resolviendo el problema.

Segundo Paso.- Sustituir los valores en la fórmula.

Es decir:

$$Q3 = 3.250 + \frac{(30 - 18)}{12} * 300$$

$$Q3 = 3.250 + \frac{12}{12} * 300$$

$$Q3 = 3.250 + 300$$

$$Q3 = 3.550 \text{ kilogramos.}$$

Interpretación.- Observamos que el 75 % de los cuarenta recién nacidos en el Hospital Kaiser Permanente en California tienen menor o igual a 3.550 kilogramos.

DECILES

Son valores ordenados de una distribución de frecuencias que dividen a la serie ordenada de números en 10 partes iguales, de tal manera que tenemos 9 deciles,

Es decir: , D1, D2, D3, D,4.............................D9

---→

  0   D1   D2   D3   D4   D5   D6   D7   D8   D9   D10

DETERMINACION DE DECILES PARA DATOS ORIGINALES NO AGRUPADOS

Tenemos:

Decil Uno $D1 = \dfrac{n + 1}{10}$

Decil Dos $D2 = \dfrac{2 * (n + 1)}{10}$

Decil Tres $D3 = \dfrac{3 * (n + 1)}{10}$

$$D9 = \frac{9 * (n + 1)}{10}$$

DETERMINACION DE DECILES PARA DATOS AGRUPADOS

La fórmula es como sigue:

$$Dx = Lidx + \frac{\frac{n*x}{10} - Nidx\ (anterior)}{nidx} * aidx$$

Donde:

Lidx = Límite inferior real de la clase decil.

n = Sumatoria Frecuencia absoluta de la clase decil.

Dx = D1, D2, D3,........... D9

ni = Frecuencia absoluta de la clase decil.

ai = Amplitud de la clase decil.

Nidx = Frecuencia absoluta acumulada anterior de la clase decil.

Vamos a utilizar el ejemplo de los 40 recién nacidos en el Hospital Kaiser Permanente de California de los Estados Unidos de América.

Intervalos de clase

Kilogramos		ni.	Ni .
2.350	- <2.650	5	5
2.650	- <2.950	6	11
2.950	- <3.250	7	18
3.250	- <3.550	12	30
3.550	- <3.850	3	33
3.850	- <4.150	3	36
4.150	- <4.450	2	38
4.450	- <4.750	2	40

n = 40

Pregunta: Se requiere determinar en nuestro ejemplo el Decir 7:

Primer Paso.- Calcular $\dfrac{n * x}{10}$ para ubicar en la frecuencia absoluta acumulada,

Es decir:

$$\frac{n * x}{10} = \frac{(40) * (7)}{10} = 28$$

Entonces tenemos:

$$x = 7$$

$$\frac{n * x}{10} = 28$$

Una vez determinado el resultado el número 28, buscamos entre los intervalos de frecuencias la columna de las frecuencias absolutas acumuladas.

Segundo Paso.- Sustituir en la fórmula de la clase decil.

Es decir:

$$Dx = LiDx + \frac{\frac{n * x}{10} - Ni \text{ (anterior)}}{nidx} * aidx$$

Tenemos:

$$D7 = 3.250 + \frac{28 - 18}{12} * 300$$
$$D7 = 3.250 + 250$$

En definitiva:

$$D7 = 3.500 \text{ kilogramos, es decir, 3 kilos y 500 gramos.}$$

Interpretación.- Diremos que el 70 % de los pesos de los cuarenta recién nacidos en el Hospital Kaiser Permanente de California, se encuentra entre los 3.500 kilogramos igual o menor a este peso.

PERCENTILES

Son valores que dividen a la serie ordenada de números en 100 partes iguales.

DETERMINACION DE LOS PERCENTILES PARA DATOS ORIGINALES Y NO AGRUPADOS

$$P1 \quad = \quad \frac{n + 1}{100}$$

$$P2 \quad = \quad \frac{2 * (n + 1)}{100}$$

$$P99 \quad = \quad \frac{99 * (n + 1)}{100}$$

DETERMINACION DE LOS PERCENTILES PARA DATOS AGRUPADOS

La fórmula es:

$$Px \quad = \quad Lipx \quad + \quad \frac{\frac{n * x}{100} - Ni \ (anterior) * aipx}{nipx}$$

Donde:

Lipx	=	Límite inferior real de la clase percentil
ni	=	Sumatoria de las frecuencias absolutas.
nipx	=	Frecuencia absoluta de la clase percentil
aipx	=	Amplitud de la clase percentil
Ni	=	Frecuencia Absoluta Acumulada anterior de la clase percentil
x.	=	P1, P2,P3,P4,.......................P99.

Continuamos con el ejemplo de los 40 recién nacidos en el Hospital de Kaiser Permanente en California USA.

Intervalos de clase

Kilogramos			ni.	Ni .
2.350	-	<2.650	5	5
2.650	-	<2.950	6	11
2.950	-	<3.250	7	18
3.250	-	<3.550	12	30
3.550	-	<3.850	3	33
3.850	-	<4.150	3	36
4.150	-	<4.450	2	38
4.450	-	<4.750	2	40

$$n = 40$$

Con la distribución de frecuencias que tenemos de los cuarenta recién nacidos en el Hospital de Kaiser Permanente, determinar el percentil 80.

Primer paso.- Calcular $\frac{x * n}{100}$ para ubicar y determinar la columna de la frecuencia absoluta acumulada.

Es decir: x =   80

$$\frac{n * x}{100} = \frac{(40) * (80)}{100} = 32$$

$$\frac{n * x}{100} = 32$$

Hemos obtenido un resultado del número 32, este número buscamos entre los intervalos de la frecuencia absoluta acumulada, con el cual trabajaremos para dar solución a nuestro problema de encontrar el percentil 80, en nuestro ejemplo enunciado con anterioridad.

Segundo paso.- Sustituyendo en nuestra fórmula del percentil.

Tenemos:

$$Px \; = \; Lipx \; + \; \dfrac{\dfrac{n*x}{100} - Nipx \text{ (anterior)} * aipx}{Nipx}$$

Entonces tenemos:

$$P80 \; = \; 3.550 \quad \dfrac{+32-30}{3} \quad * \quad 300$$

$$P80 \; = \; 3.550 \quad \dfrac{+600}{3} \quad = \quad 200$$

$$P80 \; = \; 3.550 \; + \; 200$$

$$P80 \; = \; 3.750 \text{ kilogramos}$$

Interpretación.- El resultado obtenido constituye que el percentil 80 de los 40 recién nacidos en el Hospital de Kaiser Permanente en California, son menores o iguales a 3.750 kilogramos. Siendo este valor el 80 % de los pesos anotados en nuestro ejemplo anterior.

OBTENCION DIRECTA DEL RANGO PERCENTIL

Tenemos a continuación la distribución de sueldos de 81 empleados en la Compañía de Transportes UBER, en California USA., es como sigue:

Sueldos mensuales			ni	Ni
100	-	<200	4	4
200	-	<220	10	14
220	-	<250	12	26
250	-	<300	14	40
300	-	<350	12	52
350	-	<400	10	62
400	-	<500	12	74
500	-	<1000	7	81

$$ni = 81$$

Pregunta: ¿Qué porcentaje de empleados ganan más de 340 dólares semanales?

Aplicar la fórmula del percentil

$$Px = Lipx + \frac{\frac{n*x}{100} - Nipx \text{ (anterior)}}{Nipx} * aipx$$

Primer Paso.- Buscar en que intervalo de clase se encuentra el valor de $.340 y determinar la clase percentil, con la cual vamos a trabajar.

En nuestro ejemplo: El valor se encuentra en el intervalo 300 - 350. Entonces trabajaremos con este intervalo de clase del rango percentil.

Segundo Paso.- Reemplazar en la fórmula del Percentíl:

Es decir:

$$340 = 300 + \frac{\frac{81\,RP - 40}{100}}{12} * 50$$

Tercer Paso.- Trasponer miembro a miembro e interpolando la amplitud.

Se tiene:

$$(340 - 300) \ * \ 12 \ = \ \frac{(81 \ RP) \ * \ (50) - \ 40 \ * \ (50)}{100}$$

480	=	40.5 RP - 2000
480 + 2000	=	40.5 RP
$\dfrac{2480}{40.5}$	=	RP
61.23 %	=	RP

Finalmente:

Realizar la diferencia del resultado obtenido menos el 100 %, razón del Percentíl.

De donde resulta:

$$(100 \ - \ 61.23) = \ \ 38.77 \ \%$$

Interpretación.- El 38.77% de empleados de la Cía. de Transportes UBER de California, USA., gana igual o más a $.340.- dólares americanos semanales.

EJERCICIOS

Una empresa en expansión de California, precisa contratar a 26 nuevos vendedores. Con objeto de llevar a cabo la selección de los aspirantes se ha realizado unas pruebas, a partir de las cuales se ha obtenido la siguiente tabla estadística, que recoge las calificaciones de los candidatos.

Calificación	N.° de candidatos
0-4	98
5-6	45
7-8	73
9-10	2

¿Cuál será la calificación mínima que se precisara para estar entre los seleccionados?

Razonar la respuesta.

Solución

Teniendo en cuenta la frecuencia absoluta acumulada:

P= 218, el índice percentil correspondiente será:

$$\frac{26}{218} = \frac{\text{nuevos vendedores}}{\text{población}} * 100 = 0,1192 * 100 = 11,92$$

$$=100 - 11,92 = 88,10$$

Entonces el percentil será 88,10 %

Sustitución en la fórmula del percentil

$$Px = Lipx + \frac{\frac{n * x}{100} - Nip * (\text{anterior}) * aipx}{Nipx}$$

$$\frac{n*x}{100} = \frac{218* (88,10)}{100} = 192$$

$$P_{88,10} = 6,5 + \frac{192- 143 * 2}{73} = \frac{49(2)}{73} = \frac{98}{73} = 1,34$$

$$P_{88,10} = 6,5+1,34 = 7,84$$

Interpretación.- Como los nuevos seleccionados suponen ser el 11,9% de los candidatos, la nota requerida debe estar por encima del percentil 88,10 es decir, por encima de 7,84 puntos.

MEDIDAS DE DISPERSION

Las medidas de dispersión se clasifican en dos grupos:

Medidas Absolutas.- Es imprescindible utilizarlas con un promedio.

Tienen el inconveniente que no permiten comparaciones en redistribuciones heterogéneas. Estas medidas se dividen en:

a) **Rango o Recorrido.-** Se define como la diferencia entre los dos valores extremos de una variable.

$$R = X_n - X_1$$

Es una medida de dispersión que viene expresada en la misma unidad que la variable. Cuanto mayor es el recorrido, mayor será el campo de variación de la variable como también su dispersión. Esta forma de medir la dispersión es poco precisa.

Ejemplo 1:

Calcular el rango de la siguiente serie de valores:

$$12, 6, 7, 10, 18, 4, 3, 9$$

El resultado será

El rango es $18 - 3 = 15$

Ejemplo 2:

Sección	Calificaciones									
A	10	10	11	12	12	12	12	13	14	14
B	7	9	10	10	12	12	14	14	15	17

$$\overline{X_A} = 12 \qquad \overline{R_A} = 4$$

$$\overline{X_B} = 12 \qquad \overline{R_B} = 10$$

Ejemplo 3:

Sección	Calificaciones									
B	7	9	10	10	12	12	14	14	15	17
C	7	7	7	7	7	17	17	17	17	17
D	7	12	12	12	12	12	12	12	12	17

$$\overline{X_B} = 12 \qquad \overline{R_B} = 10$$

$$\overline{X_C} = 12 \qquad \overline{R_C} = 10$$

$$\overline{X_D} = 12 \qquad \overline{R_D} = 10$$

b) **Desviación Cuartil ó Recorrido Intercuartílico.**-Se define como la diferencia entre el tercero y el primer cuartil

$$R_1 = Q_3 - Q_1$$

Es un recorrido que elimina el primero y el último cuarto de la distribución, que suele recoger las informaciones menos fiables.

Ejemplo 1:

Calcular el recorrido intercuartílico de la serie de valores:

$$3, 5, 6, 7, 10, 12, 15, 18$$

El resultado será:

$$Q_1 = \frac{6+5}{2} = 5,5 \quad ; \quad Q_3 = \frac{15+12}{2} = 13,5$$

$$R_1 = 13,5 - 5,5 = 8$$

Ejemplo: 2).

Calificaciones de la Sección A:10, 10, 11, ⑫ 12, 12, 12, 13, 14, ⑭ 14

$$Q_1 \qquad\qquad\qquad\qquad Q_3$$

Reemplazando la fórmula tenemos:

$$Q_1 - Q_3 = 3$$

$$14 - 11 = 3$$

Calificaciones de la Sección B: 7, 9, 10, ⑩ 12, 12, 14, 14, 15, ⑰ 17

$$Q_1 \qquad\qquad\qquad\qquad Q_3$$

$$Q_1 - Q_3 = 5$$

$$15 - 10 = 3$$

c) **Desviación Media.-** La desviación media se define como la media aritmética de las respectivas desviaciones absolutas con respecto a la media aritmética.

$$D.M = \frac{\sum | xi\text{-}X|}{N}$$

Ejemplo 1:

Hallar la desviación media de los siguientes datos:

$$9, 4, 7, 5, 3$$

Solución:

$$\overline{X} = \frac{9+4+7+5+3}{5} = 5,6$$

$$D.M. = \frac{|9\text{-}5,6| + |4\text{-}5,6| + |7\text{-}5,6| + |5\text{-}5,6| + |3\text{-}5,6|}{5}$$

$$D.M. = \frac{3,4 + 1,6 + 1,4 + 0,6 + 2,6}{5} = 1,92$$

Ejemplo: 2).

Calcular la desviación absoluta de la siguiente distribución:

$$4, 5, 6, 7, 8$$

Solución:

$$\text{La media aritmética} = \frac{4 + 5 + 6 + 7 + 8}{5} = 6$$

$$D.M.= \frac{|4\text{-}6| + |5\text{-}6| + |6\text{-}6| + |7\text{-}6| + |8\text{-}6|}{5} = 1,2$$

Ejemplo 3:

Enunciados los valores: 3, 8, 8, 8, 9, 9, 9, 18,
Calcular su desviación media

Solución:

$$\overline{X} = \frac{3 + 3 \times 8 + 3 \times 9 + 18}{8} = 9$$

$$D.M. = \frac{|3 - 9| + |8 - 9| \, 3 + |9 - 9| \, 3 + |18-9|}{8} = 2,25$$

Desviación Media para Datos Agrupados

$$\frac{\sum |Xi-X| \, \eta}{n}$$

X_i = puntos medios

η = frecuencias de clase

Ejemplo 1:

LIMITES DE CLASE	$(\underline{X}_i)$ PUNTO MEDIO	(η) FRECUENCIA
53-57	55	8
58-62	60	9
63-67	65	6
68-72	70	4
73-77	75	2
78-82	80	1

30

$$\overline{X} = \dfrac{X=\sum\limits_{i=1}^{\eta}(X_i\text{-}\eta_i)}{\sum \eta_i} = 62.66$$

$$\overline{X} = 62{,}66$$

$$\text{D.M.} = \dfrac{|55\text{-}62.66|+|60\text{-}62.66|+|65\text{-}62.66|+|70\text{-}62.66|+|75\text{-}62.66|+|80\text{-}62.66|}{30} =$$

$$\text{D.M.} = 1.656$$

Desviación estándar.- También conocida como Desviación tipo, Desviación cuadrática Media o Desviación típica. Es la raíz cuadrada positiva de las desviaciones cuadráticas de las observaciones con respecto a la media. Solo se utiliza la solución de la raíz de valor positivo. Esta medida de dispersión viene dada en las mismas unidades que los valores de la distribución.

Distribuciones de Tipo I:

$$S = \sqrt{\dfrac{\sum (x_i\text{-}\overline{X})^2}{n}}$$

Distribuciones Tipos II y III:

$$S = \sqrt{\dfrac{\sum n_i (x_i\text{-}\overline{X})^2}{n}}$$

Si $S = 0$, todos los valores de x_i son iguales, luego no existe dispersión.

A medida que S es mayor la dispersión aumenta.

Cuando la desviación es muestral se utiliza la letra S y cuando es poblacional se utiliza la letra griega σ

Ejemplo 1: Determinando o agrupando datos de diferentes categorías

GRUPO I		GRUPO II		GRUPO III	
n	$(X_i - \overline{X})^2$	n	$(X_i - \overline{X})^2$	n	$(X_i - \overline{X})^2$
7	25	7	25	7	25
9	9	7	25	12	0
10	4	7	25	12	0
10	4	7	25	12	0
12	0	7	25	12	0
12	0	17	25	12	0
14	4	17	25	12	0
14	4	17	25	12	0
15	9	17	25	12	0
17	25	17	25	17	25
TOTAL 84		TOTAL 250		TOTAL 50	

$X_I = 12$ $S_I = \dfrac{84}{10} = 8.4$ $S_I = 8.4 = 2,8982 \approx 2,90$

$X_{II} = 12$ $S_{II} = \dfrac{250}{10} = 25$ $S_{II} = 5$

$X_{III} = 12$ $S_{III} = \dfrac{50}{10} = 5$ $S_{III} = 5 = 2,236 \approx 2,24$

1) Cálculo de la desviación estándar para datos agrupados

$$S= \sqrt{\frac{\sum (X_i-\overline{X})^2 \, fi}{n}}$$

$$S= \sqrt{\frac{\sum X_i^2 \, f_i}{n} - \overline{X}_2}$$

Ejemplo 1:

De los pesos en kilogramos de los 40 recién nacidos, en el Hospital de Kaiser Permanente en California USA.

$$\overline{X} = \frac{132.7}{40} = 3.3175 \approx 3.318$$

$$\overline{X} = 11.009$$

$$S_2 = \frac{452.65}{40} = 11.009$$

$$S_2 = 11.316 - 11.009 = 0.307$$

$$S = \sqrt{0.307} = 0.554$$

Medidas Relativas.- Tienen significado propio y se utilizan para comparar promedios de distintas distribuciones. Se obtienen por cocientes entre magnitudes de la misma dimensión por lo que sus valores son adimensionales, lo que permite comparaciones entre distribuciones heterogéneas.

a) **Coeficiente de Variación**

Es el cociente entre la desviación típica y la media aritmética se le conoce como coeficiente de dispersión

$$CV = S / \overline{X}$$

Cuando se comparan dos distribuciones, sus dispersiones se pueden calcular mediante la desviación típica si sus medias aritméticas son iguales o muy próximas.

En caso contrario, se utiliza el coeficiente de variación. A menor coeficiente de variación mayor será la representatividad de la media aritmética.

El coeficiente de variación mide la dispersión relativa, como cociente entre la dispersión absoluta (desviación típica) y el promedio (media aritmética).

No es lo mismo una dispersión de milímetros en mediciones de metros, que esa misma dispersión en medidas de centímetros. Para evitar este efecto se utiliza el coeficiente de variación como medida relativa.

El coeficiente de variación se puede representar en %, multiplicando por 100.

$$CV = \frac{S}{\overline{X}} * 100$$

Ejemplo 1:

Compare el grado de heterogeneidad en los salarios de los obreros de la construcción de dos países

<table>
<tr><td align="center">***VENEZUELA***</td><td align="center">***ARGENTINA***</td></tr>
<tr><td>S = 50 pesos</td><td>S = 50.000 pesos</td></tr>
<tr><td>$\overline{X}$ = 200 dólares</td><td>$\overline{X}$ = 180 dólares</td></tr>
</table>

Tipo de cambio: 5 pesos por dólar   350 pesos por dólar

$$CV = \frac{50}{1000} *100 = 5\%$$

$$CV = \frac{50000}{63000} = 79.3\%$$

Ejemplo 2:

Con los Valores 21, 35, 36, 3, 45 cuya media aritmética es 35 y su desviación típica 7,823 calcular el coeficiente de variación

Solución:

$$C_v = \frac{7.823}{35} *100 = 2,35\%$$

Ejemplo 3:

Se ha estudiado tres distribuciones obteniéndose las siguientes medidas:

$$\overline{X}_1 = 20; \; S_1 = 6 \qquad \overline{X}_2 = 20; \; S_2 = 10 \qquad \overline{X}_3 = 30; \; S_3 = 15$$

Se requiere conocer cuál de las medias aritméticas es la más representativa.

Solución:

a) Coeficiente de desviación media

$$V_{DM} = \frac{DM}{\overline{X}} * 100$$

b) Coeficiente de desviación cuartil

$$V_q = \frac{Q_3 - Q_1}{Q_3 + Q_1} * 100$$

RAZONES

Razón es el cociente de dos números o en general de dos cantidades comparables entre sí.

Esta comparación se puede hacer por diferencia o por cociente.

En el primer caso se dice que la razón es **aritmética** o por diferencia y en el segundo caso que la razón es **geométrica** o por cociente.

Es decir :

$$R = \frac{a}{b}$$

Se acepta que el numerador y el denominador se refieran a hechos diferentes relacionando de esta manera el número de elementos de una categoría con el número de elementos de otra categoría.

Ejemplo 1:

Vamos a suponer que la población estudiantil de la Facultad de Ciencias Jurídicas, Políticas y Sociales de la Universidad de Berkeley de California USA., es de 1.200 alumnos de los cuales se dividen en 300 alumnas mujeres y 900 alumnos hombres.

Pregunta: Encontrar la razón de masculinidad del mencionado Colectivo.

$$R = \frac{900}{300} = 3$$

Interpretación.- El resultado representa que por cada 3 hombres se encuentra una mujer en la población estudiantil estudiada de la mencionada Universidad.

Ejemplo 2:

En un estudio sobre la fertilidad de 400 mujeres analizadas, 350 fecundaron y 50 mujeres no fecundaron.

Pregunta. Encontrar la razón de fertilidad en la población de 400 mujeres.

La Razón de Fertilidad será.

$$R = \frac{350}{50} = 7$$

Interpretación.- El resultado representa, por cada 7 mujeres fértiles se encuentra una mujer estéril, en la muestra de la población estudiada.

Entre otros ejemplos podrían ser las conocidas razones de:

a) habitantes por km2,
b) médicos por habitantes
c) Kilómetros por hora,
d) Kilómetros por galón de gasolina, etc.
e) La deuda nacional percápita, es igual
f) En California hay un sacerdote por cada 10.500 católicos.

Razón percápita　　=　　$\dfrac{\text{Deuda total}}{\text{Número de habitantes en un país}}$

Entre otras razones más usadas en estadísticas vitales y sanitarias se encuentran:

Razón de Natalidad Mortalidad = $\dfrac{\text{Total de nacidos vivos}}{\text{Total de defunciones}}$

Razón de Mortinatalidad　　=　　$\dfrac{\text{Total de nacidos muertos}}{\text{Total de nacidos vivos}}$

PROPORCIONES

La Proporción es un caso particular de la Razón, diremos que es la correspondencia de una parte con el todo, es el cociente de dividir un sumando de una variable entre la suma total de observaciones.

Una Proporción corresponde a la frecuencia relativa.

La razón puede ser un número mayor que la unidad, sin embargo, la proporción debe ser igual o menor que la unidad.

La proporción se distingue de la razón porque el numerador es parte integrante del fenómeno que constituye el denominador (se compara una parte con el todo)

La formula general de la proporción será:

$$P = \dfrac{a}{a + b}$$

Ejemplo 1:

Contamos con un Colectivo de 1.200 estudiantes donde 300 son mujeres y 900 hombres.

La proporción de hombres será:

$$\textbf{Proporción de hombres} = \frac{900}{300 + 900} = \frac{900}{1200} = \frac{3}{4}$$

Interpretación.- Esto significa que por cada 4 estudiantes de la Facultad de Ciencias Jurídicas Políticas y Sociales de la Universidad de Berkeley de California USA., 3 son hombres.

Es notorio, la proporción indica el **tanto por uno**.

En una proporción, el **denominador se llama base** y se puede escoger según la necesidad del problema que se está investigando.

Cuando la serie estadística que se estudia consta solamente de dos categorías, por ejemplo: (hombre - mujer), (enfermos - sanos), (inversión - producción), etc., puede usarse indistintamente, según las preferencias una Razón o una Proporción.

Si la serie estadística consta de tres o más categorías, no hay una manera única de calcular una Razón y en tales casos es preferible utilizar la Proporción.

Las Proporciones más comúnmente usadas en estadísticas vitales son las: de mortalidad, que expresa la relación que existe entre una causa de muerte (o grupo de causas) y la mortalidad total o entre las defunciones de cierta edad y las defunciones de todas las edades.

PORCENTAJES

Para comprender con más facilidad los valores de una Razón, Tasa o Proporción suelen presentarse en porcentajes, que se obtienen, multiplicando por 100 los citados valores.

Es decir, el porcentaje es una proporción multiplicada por 100. La fórmula general será:

$$\text{Porcentaje} = \frac{a}{a + b} \quad * \quad 100$$

La ventaja comparativa de los porcentajes, nos permite comparar dos o más series estadísticas cuyos totales son diferentes, pues quedan reducidos a 100. **Así mientras la Proporción expresa el tanto por uno, el Porcentaje expresa tanto por 100.**

Ejemplo 1:

El Jefe de Control de calidad en la fabricación de tejas en cerámica en los Estados Unidos de Norteamérica, hizo un conteo de la producción semanal: 1500 tejas (piezas buenas) y 120 tejas (piezas defectuosas).

Pregunta: Establecer el porcentaje de tejas defectuosas:

$$\text{Porcentaje} = \frac{120}{1500 + 120} * 100 = 7.4\ \%$$

Porcentaje = 7.4 %

Interpretación.- El resultado obtenido del 7.4 % corresponde al porcentaje de piezas defectuosas, es decir, en una semana de producción de 1.500 tejas, el 7.4. % salieron defectuosas.

En estadística el Investigador debe ser cauteloso al escoger la base (denominador de la Proporción) para expresar el tanto por ciento, ya que, una mala selección conduce a errores graves de interpretación o de informaciones que pueden ser consideradas de mala fe.

Ejemplo 2:

Un comerciante mayorista compra un producto determinado en $.736.- y lo vende en $. 920.- El comerciante sostiene que su ganancia es de solo el 20 %

Se requiere conocer:

a) Qué base de cálculo utilizó el comerciante
b) Cuál es su ganancia real?

SOLUCION:

La utilidad obtenida por el comerciante es de $184.-

Realizando una diferencia de.

$$920 - 736 = \$. 184.-$$

a) El comerciante sostiene que su ganancia es el 20 %, calculó tomando como base el precio de venta, es decir. $(184/920) * 100 = 20$ %
b) La ganancia del comerciante se debe calcular sobre la inversión realizada en la compra, que fue de $. 736.-, tomando esta cantidad como base.
c) Luego tenemos la ganancia real en:

$$\frac{184}{736} * 100 = 25 \%$$

Interpretación.- Determinamos que la ganancia obtenida por el Comerciante es de $. 184.- que corresponde al 25 % y no así del 20 % como estableció el Comerciante.

TASAS

Las comparaciones en poblaciones, siempre que se trate de medir el riesgo de que acontezca determinado fenómeno, deben relacionarse con la población en la cual debe acontecer, tales relaciones reciben el nombre de TASAS.

Entonces tenemos:

TASA = $\dfrac{\text{número de veces que ocurre determinado fenómeno} * 10\,n}{\text{Población en la cual ocurrió el fenómeno}}$

Indudablemente en toda población es importante conocer su composición y los cambios que acontecen en ella.

Al estudiar estos cambios, las **razones, proporciones y porcentajes,** a pesar de su gran utilidad, no permiten analizar completamente la información disponible.

Las Tasas tienen su mayor utilidad en el campo de las estadísticas vitales, las cuales están relacionadas con problemas de población, como: nacimientos (natalidad), muerte (Mortalidad) y muchos otros fenómenos de tipo social.

Ejemplo: 1).

Tenemos:

a) Las Tasas de mortalidad, son las que expresan el riesgo de morir.
b) Las tasas de natalidad, son las que miden el crecimiento de las poblaciones.
c) Las Tasas de morbilidad, son las que expresan el riesgo de adquirir determinadas enfermedades.
d) Las Tasas de letalidad, son las que indican la gravedad de las enfermedades.

Ejemplo: 2).

Vamos a suponer que en información estadística del Instituto Nacional de Estadística INE de los Estados Unidos de Norteamérica, durante el año de 2010 se han registrado 528.800 nacimientos. La población total de California para ese año fue de 21.255.900 personas.

Pregunta. Hallar la Tasa de nacimientos correspondiente al año de 2010.

Solución:

Reemplazando en la fórmula tenemos:

Tasa anual de nacimiento = $\dfrac{\text{número de nacimiento durante el año}}{\text{Número de habitantes durante el año} * 1000}$

Reemplazando tenemos que T.A.N. = $\dfrac{528.800}{21.255.900 * 1.000}$

Finalmente tenemos que la T.A.N. = 25 %

Interpretación.- La tasa de nacimiento correspondiente al año de 2010 fué de 25 por cada mil habitantes. Es decir, en promedio, nacieron 25 por cada mil habitantes.

Habrá que tomar en consideración según la definición. Que **el numerador de la tasa nunca será mayor que el denominador**, el resultado de este cociente sería menor que la unidad. En general, ésta no sería una manera muy cómoda de expresar una tasa. Entonces, para evitar el uso de los decimales, los resultados se multiplicarán por 100, 1000, 10.000, etc., según sea el caso. En nuestro ejemplo anterior la forma de multiplicar por 1000 es porque estamos hablando de miles de personas en población.

Existen dos tipos de tasas: Tasas brutas y Tasas específicas.

Tasas Brutas.- También conocidas como tasa general global o total, se calcula con respecto a la población total, sin tomar en cuenta ninguna característica específica de esa población.

Tasas específicas, son las tasas que se definen en términos de una o más características de la población

Ejemplo 3:

Tomando el ejemplo anterior que California USA., tenía para el año 2010 528.800 nacimientos, vamos a suponer que murieron 6.822. Entonces la tasa de mortalidad infantil para ese año será:

Mortalidad Infantil $= \dfrac{\text{total de fallecidos menor de un año}}{\text{Total de nacidos vivos}} * 1000$

Sustituyendo tenemos

$$\text{T.M.I.} = \frac{6.822}{528.800} * 1000$$

En definitiva tenemos

$$\text{T.M.I.} = 12,9 = 13$$

Interpretación.- Esto significa que 13 niños por cada 1000 niños, murieron antes de cumplir un año de edad.

Para comprender totalmente el significado de una Tasa debe conocerse:

a) El período de tiempo al que la Tasa se hace referencia, es decir (anual, trimestral, mensual, quincenal, semanal, etc.).
b) Que es lo que se está contando (nacimientos, muertes, casamientos, etc.) Esta información será el numerador
c) El total de la población. Será el denominador.
d) Las unidades (por cada 100, por cada 1.000, etc.)

Teniendo en cuenta que las Tasas se pueden calcular en forma anual, trimestral, mensual etc.

Pero siempre ajustando las Tasas a una base anual, de modo que facilite la comparación.

El ajuste se hace multiplicando la Tasa por un factor apropiado obtenido al realizar el cociente del año entre el período en cuestión.

Ejemplo 4:

Tasa trimestral

$$= \frac{\text{No eventos que ocurrieron en la población en un trim.} * 4 * 1000}{\text{Población total estimada a la mitad del año}}$$

Tasa mensual

$$= \frac{\text{No eventos que ocurrieron en la población por mes} * 12 * 1000}{\text{Población total estimada a la mitad del año}}$$

No habrá que perder de vista que las poblaciones siempre están cambiando, es decir, proporcionando datos diferentes:

Van aumentando:

a) por causa de los nacimientos
b) por la frecuente migración.

Van disminuyendo:

a) por causa de las defunciones
b) por causa de la migración.

En consecuencia, el número de habitantes es diferente a principio, a mediados y a fines de año.

INDICES

Indice es la razón multiplicada por 100. Es decir,

$$\text{Indice} = \frac{a}{b} * 100$$

La Razón multiplicado por 100 estamos aceptando que el numerador y el denominador se refieran a hechos diferentes, relacionando de esta manera el número de elementos de una categoría con el número de elementos de otra categoría-

Ejemplo: 1).

En el estudio de fertilidad de 400 mujeres observadas, 350 fecundaron y 50 mujeres no fecundaron.

Entonces el Indice de fertilidad sería:

Indice de fertilidad = $\dfrac{350}{50}$ * 100 = 700

En definitiva tenemos:

Indice de fertilidad = 700

Interpretación.- Este resultado significa que por cada 700 mujeres fértiles hay 100 que no son fértiles.

Las formulas más usuales en Ciencias Sociales tenemos:

Indice Vital = $\dfrac{\text{total de nacimientos}}{\textbf{Total de defunciones}}$ * 100

Indice de mortinatalidad = $\dfrac{\text{total de nacidos muertos}}{\text{Total de nacidos vivos}}$ * 100

Indice de Fertilidad = $\dfrac{\text{total fecundadas}}{\textbf{Total no fecundadas}}$ * 100

UNIDAD No 12

CAPITULO X EVALUACION Y APLICACIÓN DE RESULTADOS O CONCLUSIONES Y RECOMENDACIONES

10.1. CONCLUSIONES

Evaluación y aplicación de los resultados, es producto de la observación y tabulación de datos, tomando en **cuenta su validez y confiabilidad**

Indudablemente constituye de vital importancia llegar a este capítulo de las conclusiones dentro del proceso de Investigación Científica, etapa donde se demostrará los resultados del trabajo de campo, su aplicabilidad y ejecución del Proyecto Perfil de Investigación Científica, **poniendo de manifiesto la calidad, veracidad, comprobación, validez y confiabilidad de todos los propósitos planteados.**

Cabe hacer notar que en el proceso de Investigación Científica, la investigación Cualitativa, toma un papel por demás de importante intelectual, al poner de relieve la Comparación en el proceso de Conclusiones, que permite poner al descubierto los hallazgos, justificantes y diferencias que coadyuvaron llegar a las conclusiones de forma adecuada.

En consecuencia para el Investigador Cualitativo, obtener conclusiones, constituye un esfuerzo y experiencia, poner de manifiesto sus destrezas y habilidades, además sea capaz de contrastar, y contextualizar con otros estudios los mencionados hallazgos obtenidos.

En síntesis las conclusiones en general deben reflejar los resultados más importantes alcanzados dentro del proceso de Investigación Científica, planteando soluciones, que ofrezcan reconsideraciones o controversias con las teorías que fueron utilizados en el marco referencial y marco conceptual del proceso de Investigación Científica. Los datos y resultados obtenidos en este proceso de Investigación Científica, coadyuvarán al proceso de tabulación, redacción y posterior presentación de la Tesis de Licenciatura y Doctorado.

10.2. RECOMENDACIONES

En las Recomendaciones se deben proporcionar sugerencias concretas, para mejorar métodos de estudio, acciones especificas, poniendo en ejecución y puesta en marcha del Perfil Proyecto de Investigación Científica estudiados.

Siendo de carácter científico esta investigación, se han agotado al extremo todos los métodos, tipos de estudio aplicados en función a los objetivos y propósitos planteados, guardando la congruencia con los hallazgos obtenidos dentro del proceso de Investigación Científica de la **veracidad, originalidad, confiabilidad y comprobación de todos los datos descriptivos.**

No olvidemos que las Conclusiones y Recomendaciones, a que se hayan llegado con el estudio del tema, con relación al Perfil Proyecto de Investigación Científica, formarán parte de la Tesis de Licenciatura, porque habíamos manifestado en capítulos anteriores que el Libro **COMO HACER UN PERFIL PROYECTO DE**

INVESTIGACION CIENTIFICA, constituye la antesala, el trabajo de campo, para la presentación posterior de la Tesis de Licenciatura y Doctorado, dentro del proceso de Investigación Científica, poniendo de manifiesto todos los aportes científicos, hallazgos, que marcarán nuevos paradigmas de comportamiento en la sociedad, aplicando todos los conocimientos que estarán plasmados en el libro **COMO HACER MI TESIS DE LICENCIATURA,** que se editará y publicará posteriormente.

ALGUNOS AUTORES establecen en 5 Capítulos, la realización de un Perfil de Investigación Científica, como sigue:

Capítulo I
MARCO GENERAL DE LA INVESTIGACION

1.1. Tema
1.2. Fundamentación y planteamiento del problema.
1.3. Objetivos
    1.3.1 General
    1.3.2 Específicos
    1.3.3 Hipótesis
1.4 Justificación
    1.4.1 Científica
    1.4.2 Practica o Social
    1.4.3 Contemporánea
    1.4.5 Personal

Capítulo II
MARCO DE REFERENCIA Y MARCO TEORICO DE LA INVESTIGACION

2.1 Marco de Referencia.
    2.1.1 Antecedentes históricos del problema
    2.1.2 Información actual del problema de investigación
2.2 Marco Teórico.
    2.2.1 Marco Conceptual
    2.2.2 Marco Teórico Conceptual

Capítulo III
DISEÑO METODOLOGICO DE LA INVESTIGACION

3.1 Metodología
    3.11 Cualitativa
    3.12 Cuantitativa

Capítulo IV
ANALISIS E INTERPRETACION DE LA INFORMACION

Capítulo V
CONCLUSIONES Y RECOMENDACIONES

5.1 Elaborar el reporte de la Investigación
5.2 Bibliografía
5.3 Anexos

NOSOTROS SUGERIMOS EJECUTAR ESTE PROTOCOLO DE METODOLOGIA PARA LA PRESENTACION FINAL DEL PERFIL PROYECTO DE INVESTIGACION CIENTIFICA

NOMBRES Y APELLIDOS DEL INVESTIGADOR, PROFESIONAL O EGRESADO UNIVERSITARIO. DIRECCIÓN ADRESS, EMAIL Y TELEFONO

MODALIDAD DE LA INVESTIGACIÓN

Indicar si es individual o grupal

ESPECIALIDAD DEL AREA A INVESTIGAR

Indicar el área de investigación: En Humanidades, Educación, Derecho, Farmacia y Bioquímica, Trabajo Social, Economía, Auditorias Financieras y Forenses, Ciencias Políticas y Sociales

MARGENES PARA TODO TRABAJO FINAL DE INVESTIGACION

Se presentará el trabajo final del Proyecto Perfil de Investigación Científica en 4 ejemplares, con las siguientes características

a) Letra N° 12, Arial
b) márgenes izquierdo 4 cm., Derecho 3 cm, superior 3, inferior 3 cm.
c) Tamaño de papel carta,
d) Espacio interlineado 1,5 cm.
e) Escrito con letra Arial, anillado o empastado.

PROGRAMA - ANALITICO

METODOLOGIA DE LA INVESTIGACION CIENTIFICA

COMO HACER UN PERFIL PROYECTO DE INVESTIGACION CIENTIFICA

UNIDAD No. 1º.- Conceptos Fundamentales de la Metodología de la Investigación Científica.

UNIDAD No. 2º.- Seleccionar y Elegir el tema de Investigación.

Concebir la idea a investigar, se refiere analizar todos los aspectos epistemológicos y prospectivos más relevantes del problema.

UNIDAD No. 3º.- CAPITULO I ANTECEDENTES.

Una investigación es de carácter científico, dinámico y evolutivo que ineludiblemente requiere transitar por un conjunto de etapas, desarrollando la **antítesis, tesis y síntesis**, que garanticen **la validez y confiabilidad de sus resultados**.

> 1.1.- Antítesis (Hechos Epistemológicos)
> 1.2.- Tesis (Causas) **Variable X**
> 1.3.- Síntesis (Efectos) **Variable Y**
> 1.4.- Motivación
> 1.5.- Cronograma (tiempo de ejecución)

UNIDAD No. 4º.- CAPITULO II PLANTEAMIENTO DEL PROBLEMA

Se obtiene el Planteamiento del Problema, a través de la dosificación de interrogantes en la etapa de Fundamentación del proceso de Situación Problemática del Tema.

Del análisis y comprobación de los hechos acontecidos, ineludiblemente se llegará a determinar la situación problemática del tema en cuestión. **Como consecuencia surgirá la fundamentación de la situación problemática,**

Formulando interrogantes específicos con relación al tema a investigar.

2.1.- Fundamentación de la Situación Problemática El Tema.

2.2.- Conversión del Tema elegido a Planteamiento del Problema.

2.3.- Formulación y Planteamiento del problema.

2.4.- Modelo general en el tratamiento del problema.

2.5.- Requisitos para el planteamiento del problema.

2.6.- El punto de partida de cualquier investigación Científica.

UNIDAD No. 5.- CAPITULO III JUSTIFICACIÓN DE LA INVESTIGACION CIENTIFICA

La Justificación de la Investigación Científica, es proporcionar la debida importancia al estudio del Perfil de Proyecto de Investigación Científica, bajo criterios de **Relevancia Científica, Criterio de Relevancia Social, Criterio de Relevancia de Significación Práctica y Criterio de Relevancia Contemporánea,** cuya viabilidad y confiabilidad de los resultados previstos en la Situación Problemática del Tema a Investigar, esté relacionado con el principio de Causalidad **Causas y Efectos de impacto,** eminentemente deben ser de actualidad social, jurídica, económica y política.

3.1.- Criterio de relevancia científica.

3.2.- Criterio de relevancia social.

3.3.- Criterio de significación práctica.

3.4.- Criterio de Relevancia Contemporánea

UNIDAD No. 6.- CAPITULO IV FORMULACION DE LA HIPOTESIS

Hipótesis es una idea, a partir del cual nos preguntamos el porqué de una cosa, sea un fenómeno, un hecho, o un proceso.

Hipótesis es una suposición de algo que podría ser cierta o no puede ser posible.

La interpolación de la hipótesis con el método científico, se podrá comprobar a través del experimento.

En consecuencia la hipótesis en el proceso de investigación científica, es un elemento fundamental. Cuando el conocimiento existente permite formular predicciones razonables acerca del perfil de proyecto, ayudando a organizar el pensamiento.

En la Hipótesis se interrelacionan **la variable independiente y la variable dependiente,** para ser sujetas a comprobación, verificación y contrastación con la realidad, a través **del Diseño Metodológico** utilizando **los coeficientes de determinación y de correlación**, herramientas estadísticas, que contribuyen a la aseveración de la hipótesis, para proseguir o no con el Perfil de Proyecto Investigación Científica.

    4.1.- Formulación de la Hipótesis
    4.2.- Aplicación de los estadígrafos, (Coeficiente de Determinación y coeficiente de Correlación)

UNIDAD No. 7.- CAPITULO V OBJETIVOS

    5.1.- Objetivo General
    5.2.- Objetivos Específicos.

El Objetivo general, se establece como fase troncal, en el proceso de investigación científica, con la finalidad de contar con la **consistencia y originalidad, bajo las preguntas ¿Qué? y ¿Cuánto?**

Los objetivos específicos, constituyen los fines y propósitos previamente concebidos a lograr y desempeñan una función rectora dentro del proceso de la investigación científica, indagando, para observar su aplicación y utilidad e impacto social dentro del proceso de investigación científica.

El análisis científico formulado a partir de la **situación problemática, formulación del problema, justificación e**

hipótesis, orienta a la búsqueda de respuestas a los objetivos más amplios del estudio, para proponer al final cambios dentro de la investigación científica.

UNIDAD No. 8.- CAPITULO VI REVISION DE LITERATURAS

Consiste en **explorar, detectar, obtener, consultar bibliografías y otras literaturas, referentes al tema en cuestión, de donde se extraerán y recopilarán toda la información válida**, relevante, confiable y necesaria que atañe al proceso de investigación que será de utilidad para los objetivos del Perfil de investigación Científica

> 6.1.- Marco Teórico - Referencial
> 6.2.- Marco Conceptual
> 6.3.- Marco Jurídico, Político y Social
> 6.4.- Marco Histórico
> 6.4.- Marco Geográfico.

UNIDAD No. 9.- CAPITULO VII DISEÑO METODOLOGICO

Diseño metodológico en la investigación científica, constituye la descripción y explicación de todos los procedimientos, métodos y tipos de estudios e instrumentos de recolección de datos utilizados, para comprobar la Hipótesis, dando respuestas al Planteamiento del problema y ejecutar de forma secuencial la formulación del Perfil de Proyecto de Investigación Científica.

<u>Tipos de Estudio</u>

> 7.1.- Básica
> 7.2.- Aplicada
> 7.3.- Exploratoria
> 7.4.- Descriptiva
> 7.5.- Explicativa
> 7.6.- Inferencial o Predicción

7.7.- Analítica

7.8.- Acción y participación del diagnóstico

Métodos

a) Método analítico – sintético
b) Método Inductivo – Deductivo
c) Método Histórico y Lógico
d) Método Hipotético deductivo
e) Método de Modelación
f) Método Sistémico
g) Método Dialéctico.

UNIDAD No. 10.- CAPITULO VIII CALCULO Y SELECCION DE LA MUESTRA

8.1.- Colectivo, Universo o Población

* Determinar el universo, colectivo o población.
* Definir y seleccionar las condiciones de la muestra, el tipo de muestra.
* Tamaño de la muestra y,
* Caracterizar las condiciones de la muestra, determinando el Colectivo.

8.2.- Técnicas.

Identificar las técnicas que serán utilizados en el proceso de la investigación científica.

8.3.- Instrumentos.

Determinar los instrumentos que serán utilizados en el proceso de investigación. El análisis estadístico ó modelo. (Utilizar Programa computarizado S. S. P. S. S.)

8.4.- **Determinación de paradigmas.**

El Investigador debe conocer sobre que tendencia de paradigmas diseñará el Perfil de Investigación Científica.

Sin embargo los paradigmas del **constructivismo, teoría crítica de la realidad, el positivismo,** son los paradigmas que sustentan el proceso

El investigador debe tomar una estrategia clara para conceptualizar la realidad de su fenómeno de estudio, con el fenómeno de interés y la metodología que debe seguir el proceso de investigación científica, hasta llegar a responder a las preguntas de investigación científica propuestas.

El investigador es responsable al tomar en cuenta su aplicación de los diferentes paradigmas, no dejando de pensar que los objetivos dentro del proceso de investigación sean también cuantitativos y cualitativos.

UNIDAD No. 11.- CAPITULO IX RECOLECTAR Y PROCESAR DATOS ESTADISTICOS

> 9.1.- Recolección de los datos.
> 9.2.- Elaborar el instrumento de medición y aplicarlo.
> 9.3.- Determinar la validez y confiabilidad del instrumento de Medición.
> 9.4.- Análisis de los datos
> 9.5.- Presentación de los resultados tabulados.

9.6.- **BIBLIOGRAFIA A CONSULTAR**

(Buscar textos y documentos en la Internet y Bibliotecas a partir de 2015 adelante).

Visitar Bibliotecas Privadas y Públicas u otras evidencias confidenciales

9.7.- **ANEXOS** (lo necesario)

UNIDAD No. 12.- CAPITULO X EVALUACION Y APLICACIÓN DE RESULTADOS O CONCLUSIONES Y RECOMENDACIONES

Evaluación y aplicación de los resultados, es producto de la observación y tabulación de datos, tomando en **cuenta su validez y confiabilidad**

Indudablemente constituye de vital importancia llegar a este capítulo de las conclusiones y recomendaciones, dentro del proceso de investigación científica, etapa donde se demostrará los resultados del trabajo de campo, su aplicabilidad y ejecución del proyecto perfil de investigación científica, **poniendo de manifiesto la calidad, veracidad, comprobación, validez y confiabilidad de todos los propósitos planteados.**

Cabe hacer notar que en el proceso de investigación científica, la investigación Cualitativa, toma un papel por demás de importante intelectual, al poner de relieve la Comparación en el proceso de Conclusiones y Recomendación, que permite poner de manifiesto los hallazgos, justificantes y diferencias que coadyuvaron llegar a las conclusiones de forma adecuada.

En consecuencia para el Investigador Cualitativo, obtener conclusiones y recomendaciones, constituye un esfuerzo y experiencia, poner al descubierto sus destrezas y habilidades, además sea capaz de contrastar, y contextualizar con otros estudios los hallazgos obtenidos.

En síntesis las conclusiones en general deben reflejar los resultados más importantes alcanzados dentro del proceso de investigación científica, planteando soluciones, que ofrezcan reconsideraciones o controversias con las teorías que fueron utilizados en el marco referencial del proceso de investigación científica.

En las Recomendaciones se deben proporcionar sugerencias concretas, para mejorar métodos de estudio, acciones especificas, poniendo en ejecución y puesta en marcha del perfil proyecto de investigación científica estudiados. Siendo de carácter científico esta investigación, se han agotado al extremo todos los métodos, tipos de estudio aplicados en función a los objetivos y propósitos planteados, guardando la congruencia con los hallazgos obtenidos dentro del proceso de investigación científica de la **veracidad, originalidad, confiabilidad y comprobación de todos los datos descriptivos.**

LIC. DESIDERIO JAVIER SOLIZ PLATA

AGRADECIMIENTOS

A MI PADRE
CLAUDIO, estoy muy agradecido por sus consejos, deseos e inquietudes ser catedrático de la Universidad, lo logramos, pero la vida me arrebató, gracias papá, por los valores profundos que me inculcaste de honestidad, perseverancia, dedicación y trabajo tesonero

A MI MADRE:
VALENTINA, le doy gracias mamá por su paciencia y su infinito amor demostrados, su mayor anhelo, alegría y felicidad, ser un profesional, mis agradecimientos más sinceros mamita abnegada y sacrificada, prometo seguir tu ejemplo de tu honestidad, sinceridad, comprensión, humildad y dedicación al trabajo con mucha fe en Dios.

A MI QUERIDA ESPOSA MERY TERESA, por comprender y brindarme su ayuda moral, emocional y psicológica, elevando siempre mi autoestima profesional y personal por encima de toda circunstancia. Fuiste en todo momento la fuente de mi inspiración, mi fortaleza en comprensión, tolerancia, humildad y confianza durante toda la vida.

A MIS QUERIDOS HIJOS: Ximena Mary, Nancy Tatiana, Norka Elizabeth, Jesús Erick y Mariela Alzira, por su entrañable cariño y amor, su confianza y apoyo moral, comprensión y tolerancia en momentos de dificultad, que coadyuvaron levantar mi autoestima, constituyendo mi fuente de inspiración y fortaleza, para cristalizar este objetivo, que constituirá una herramienta a ser utilizado por las generaciones venideras.

A MIS NIETOS: *Luis Javier, Alejandra. Nicolás, Joshua,* *Camila, Ma. Fernanda, Isabella y Valentina. Desde lo más profundo y con el corazón en la mano, les dedico este esfuerzo, plasmado en este libro para que lo lean y los guíe en la vida. Reciban mis expresiones de júbilo y algarabía. Los quiero mucho a todos ustedes con la misma intensidad de amor y cariño. Dios siempre les llene de bendiciones todos los días.*

Lic.Desiderio Javier Solíz Plata

BIBLIOGRAFÍA CONSULTADA

1) TECNICAS DE
   INVESTIGACION SOCIAL

   Ezequiel Ander Egg
   24 a. Edición
   Editorial LUMEN
   Buenos Aires – Argentina

2) METODOLOGIA Y TECNICAS
   DE INVESTIGACION

   Raúl A. Sandoval Gonzáles
   2da. Edición
   Ampliada y Corregida
   Salinas Editores
   Oruro – Bolivia

3) METODOLOGIA

   Carlos Velasco Salazar

4) METODOLOGIA Y TECNICAS
   DE INVESTIGACION EN
   CIENCIAS SOCIALES

   Felipe Pardinas
   32 a. Edición

5) TEORIA Y TECNICAS DE
   INVESTIGACION SOCIAL

   José Armas G.
   6ta. Edición Actualizada
   Sucre – Bolivia.

6) METODOLOGIA DE LA
   INVESTIGACION

   Roberto Hernández Sampieri
   Carlos Fernández Collado
   Pilar Baptista Lucio
   Ediciones Mac Graw Hill
   2da. Edición

7) COMO HACER UNA TESIS

   Huáscar Taborga
   Editorial GRIJALBO S.AMéxico
   D.F.

8) COMO ELABORAR UNA TESIS   Jorge Witker
   EN DERECHO   1era. Edición 1986
                              Ediciones Civitas S.A.
                              Madrid – España

9) INTRODUCCION A LA   Francisco J. Rodríguez
   METODOLOGIA DE LAS   Irina Barrios
   INVESTIGACIONES SOCIALES   Maria Teresa Fuentes
                              LA HABANA - CUBA

10) COMO SE HACE UNA TESIS   Humberto Eco (Técnicas y
                              Procedimientos) 7ma. Edición
                              Ediciones GEDISA Barcelona
                              – España

11) GUIA PARA LA   Roberto Vila de Prado
    ELABORACIÓN DE TESIS   Edición Universitaria UAGRM
                              1era. Edición

12) METODOLOGIA PARA   Lic.(Eco.) Jorge Domínguez
    LA ELABORACION   Santa Cruz- Bolivia.
    DE PROYECTOS DE
    INVESTIGACION

13) INTRODUCCION A LA   Francisco J. Rodríguez
    METODOLOGIA DE LAS   Irina Barrios
    INVESTIGACIONES   María Teresa Fuentes
    SOCIALES   LA HABANA - Cuba

14) COMO ELABORAR Y   Sandy Guzmán V.
    PRESENTAR UNA TESIS   Santa Cruz – BOLIVIA

15) ESTADISTICA DESCRIPTIVA : RUFINO MOYA CALDERON
                              Primer Edición – Edt. San Marcos

16) ESTADISTICA GENERAL :   ARTURO NUÑEZ DEL PRADO
                              La Paz- Bolivia

17) ESTADISTICA :   SCHAUM – MURRAY R. SPIEGEL
                              Segunda edición Madrid – España

18) POSTGRADO ESTADISTICA
   GRAL:

Lic. YOLANDA SIU CHAVEZ
Santa Cruz-Bolivia

19) ESTADISTICA DESCRIPTIVA :

Santiago Fernández Fernández
José María Cordero
Alejandro Córdova
Editorial – ESIC – Madrid – España

20) ESTADISTICA DESCRIPTIVA :
   Y PROBABILIDADES

Celestino García Oré
2da. Edición – Lima- Perú

21) ESTADISTICA BASICA :

Luis Alberto Legoas